THE PRACTICAL
PSYCHOLOGY AND
SPEECHING, AURA, LEADERSHIP

# 超实用
# 心理学与演讲、气场、领导力

畅销2版

元亨利——著

中国法制出版社
CHINA LEGAL PUBLISHING HOUSE

# 前言

对于大多数即将成为领导者的人和已经成为领导者的人来说，演讲与口才是一项重要的资产。优秀的领导者通常都能言善辩、幽默风趣，拥有比常人强上很多倍的“气场”。

每个人都希望自己能够拥有更多的资源，能够广结人缘，而人际交往的过程中，说话就显得至关重要。研讨会、新闻发布会、辩论会，甚至是茶话会，都是领导们大展口才魅力的时刻。

说话是一门艺术。古人说过：“情欲信，辞欲巧。”就是说一个人无论心里想的有多么完美，如果不能很好地表达出来，那么就会被人认为是自言自语的“疯子”。著名的人际关系学大师卡耐基也说过：“不要害怕推销自己，只要你认为自己有才华，你就应该认为自己有资格担任这个或那个职务。”卡耐基用很简单的语言说明一个道理：演讲是展示自己的更好的方式，只要学会演讲，就能铺就一条通往成功的道路。

作为领导的你，是不是也想要让自己说出来的话更具吸引力和说服力？能够说到下属的心中？那就一定要让自己掌握演讲的技巧，训练出众的口才，想方设法增强自己的演讲气场。这就要求你在演讲中，不仅要明确自己所要演讲的主题，巧妙设计演讲的结构，修饰语言，精炼台词，更要注意打造自己的形象，引领下属紧跟自己的思路，这样才能更好地与下属形成互动，把自己的观点完善并传播出去。

好的演讲，能充分准确、幽默风趣地巧妙表达出自己想要表达的观点。本书借鉴了很多知名人士、演讲家演讲时的经典案例，挖掘出演讲的过程中会遇到的各种情况，提出了提升演讲能力的有效方法。本书与其他演讲类图书最大的区别，就在于有针对性地把国外先进的思维方式和有中国特色的演讲方式有效地结合在一起，相互融合，更为完善，从而为各类领导者进行演讲指明了方向。

希望这本书可以助你早日实现你的梦想。

# 目　录

## 第十章 敢于创新：就这样与众不同



## 第十一章 直面危机：从容不迫地处理棘手问题

# 第一章

# 明确主题：你要传播什么样的观点

演讲，也称为演说。我国的《辞海》对其的注释是：“在听众面前就某一问题表达自己的意见，或者阐述某一个事理。”这句注释很清楚地描述了演讲的两个要素：第一是面对听众，第二是就某个问题发表意见或者是阐明事理。由此可见，一个明确的主题对于演讲本身至关重要。任何的演讲，都是带有目的性的。作为领导，在演讲的时候，一定要明确自己要传播什么样的观点，才能更好地为领导力的执行提供坚实的基础。

## 进行演讲的几个理由

卡耐基说："演讲，是培养自信心的有效途径，一个人的成功，只有百分之十五是专业技能，剩下百分之八十五则是口才交际能力。"一个会说话的人，往往能够说到人们的心里，拨动人们的心弦，操纵人们的情绪。在管理者的职业生涯中，如果经常用恰当的话做润滑剂，流畅地表达出自己的想法和意图，就能够把道理用大家喜欢听的方式传递给别人，使别人乐于接受。

人才不一定会演讲，会演讲的人不一定是人才。现代社会，大家最在乎的就是"赢"。而"赢"字，是由"亡""口""月""贝""凡"组成："亡"代表危机；"口"代表要会说话；"月"代表坚持，代表时间；"贝"代表健康、财富；"凡"代表要有一颗平凡的心。而"口"字位于正中间，也就是说，会说话、会演讲，是"赢"中的重中之重。

对于领导来说，主持活动需要演讲，凝聚人心需要演讲，化解矛盾需要演讲，分配工作需要演讲，宣传动员也需要演讲……为什么这些场合需要领导进行演讲呢？大致而言，演讲的目的可分为以下几种。

第一，表达自己的思想。作为领导，如果想把自己对企业的目标、具体运作、管理协调等方面很好地传达给下属，演讲就是最好的方法。只有把自己的思想和材料组织得有条不紊，才可以把自己想说的、想做的，更为清晰地传递给下属。对于领导而言，并不是只要口才好就叫好，演讲的内容也是至关重要的。

领导只有能够把自己所想表达的思想，用简短的语言清晰有力地表达出来，下属才会愿意听、仔细听你的演讲。总而言之，领导所必备的技能之一，就是一定要让自己的演讲更具说服力，只有这样，才更能调动下属的情绪。

第二，培养自信心。有些领导的个人能力很强，但是有一条：不会说话。这并不是我们说的“哑巴”，而是一到演讲的时候，这些领导就会产生恐惧的心理。恐惧其实是一种自我保护的本能反应，是一种对演讲场面不熟悉的正常反应。很明显，这样的领导缺乏自信心，不知道该如何表达自己的思想。

第三，更多地反思自己。对于企业中的领导来说，演讲也是一种自我检验和修正的过程。有些时候，在聆听自我演讲的过程中，领导也许会惊讶地发现当时表达的并不是自己心里面想传达给下属的。通过演讲的方式，领导可以仔细地推敲自己所要表达的内容，改变自己不正确的观点。

此外，当你想向别人阐明一个主题思想的时候，通过演讲，你才能发现自己到底懂得了多少，还有哪些欠缺。

第四，建立更和谐的人际关系。在一次又一次的演讲中，领导能更深入地了解下属，以便更好地与下属相处。当自己的威信力逐渐提高，说服能力逐渐增强，下属自然会被你吸引，你会觉得他们非常好相处。如果能够在演讲的时候多从下属的角度出发，关注大家的顾虑和疑问，你将会更容易建立起和谐的上下级关系。

因此，组织中拥有会说话的，善于沟通、善于演讲的好领导，是非常重要的。

### 画龙点睛

西方有位哲人曾经说过："世间有一种成就可以使人很快完成伟业，并获得世人的认识，那就是讲话令人喜悦的能力。"领导的演讲和企业的发展息息相关，领导要担负起社会责任，带领企业朝着更高的目标前进，就要有自己的方法，把想法和思考快速地传递给下属。而演讲就是上下级沟通的桥梁。所以对于领导而言，演讲是最为关键的技能。

## 带着目标去演讲

有人说，当今世界有三大最厉害的武器：原子弹、电脑和口才。也有人说，作为企业领导，首要任务就是要练好嘴皮子。领导和下属接触的途径很多，但是最直接、最容易实现和最常用的方法就是开会，让下属当面听从领导的安排和指导。这个时候，就是体现领导的综合能力、思路思想的重要时刻。很多时候，下属能否快速明白领导的意图，公司的发展方向，个人任务的安排……都凭借领导的一张嘴。

现在的下属脑子都很灵光，如果领导的讲话没有主题，没有目的，下属就很难从心底里信服，更不用说坚决贯彻执行领导的指令。他们也许当面会夸奖领导“有远见”，背地里则会议论领导“没水平”。因此，领导讲话，最重要的一点就是要有目的性，要带着目标去演讲，这在一定程度上就要求领导一定要目的明确，思路清晰，要点简单直观，切合实际……在有限的时间里把该说的话说到位，把该安排的事情安排好，这是考验一个领导综合能力最主要的表现形式。

领导演讲前，一定要注意两个方面：讲话的目的和预想能够达到的效果。

第一个方面是讲话的目的。开会或者做其他的演讲，讲话的目标一定要明确。要根据各种会议类型，制订不同的目标：是全体员工参与的比较大的会议，还是针对某个先进个人或某个部门的表彰会；是固定的每周例会，还是骨干会议，抑或是有客户参加的座谈会……无论是哪种会议，都要在参与之前，在心中确立一个主题，重点要说什么，用什么样的方式去说，需要什么样的材料，需要哪种更为直观的表现方式……只有这样，才能更为突出地表现出自己讲话的目的。军事家拿破仑在做法兰西第一帝国皇帝之前，曾经率领部队远征埃及。当时拿破仑的军队在金字塔旁边和敌人相遇，敌人主力非常勇猛，拿破仑的部队打得很吃力。危急时刻，拿破仑立在马队前高声对着士兵说：“士兵们，以往四千年的历史在后面瞪目注视着你们！”简短的演讲使得法军士气大振，一鼓作气大胜敌军。拿破仑就是运用了演讲，巧妙地表达了自己的目的：鼓舞士气，提振士兵的信心。

第二个方面是预想能够达到的效果。作为领导，只有目标是远远不够的，一定要让目标和效果紧密结合起来。如果在演讲的时候，领导费了很大劲，说了很多话，却只是空谈目标，那么演讲之后，一定不会起到很大作用，也会令他人厌烦。

带着目标去演讲，会让下属在最短的时间内明白自己该做什么，也能在最短的时间内，对下属的思想产生影响，让下属的个人理念能够快速地和企业的理念融合，更好地为企业创造效益。因此，领导讲话的时候，既要谈目标，更要谈在这个目标下预计会出现的效果，只有这样，才能够让下属快速地在领导的讲话中找准自己的目标，以便在未来的一段时间内，有重点地安排好自己的工作，并做些能够让个人能力提升的事情。

## 画龙点睛

任何的讲话，都是带有目的性的。作为领导，一定要意识到讲话的目标，因为它是提升企业凝聚力和执行力最关键的因素。可以说，领导的演讲和企业的发展息息相关。领导要有带着企业不断摸索和发展的决心和毅力，更要有把自己的想法和思考更快地传达给下属的方法。这些，就需要领导演讲时带着更为坚定的目标，以此让下属和听众信服和敬佩，激发他们的热情，为自己领导职能的执行提供基础。

# 一次只传播一个观点

你是否曾经坐在一个毫无主题的会议上昏昏欲睡？你是否曾经对领导的讲话云里雾里，不知道该听哪一句？你是否在会议的过程中，悲观地想：领导，你到底是要“闹哪样”？……糟糕的会议是如此之多，作为领导，该如何避免这种情况，让自己的下属能够真正听进去？

对于领导来说，一旦出现会议效果比较差、下属执行力不高的情况，首先要做的不是去责怪下属的不作为，而是要先从自己的演讲上找原因。很大一部分原因也许仅仅是演讲内容太过烦琐。

如果把团队比作一艘大船，领导就是船长，是整个团队的领头人，是核心人物。他所想的，要处理的事情，要做的抉择数不胜数；而下属，仅仅是按照指令办事，是企业中一个小小的划桨者。有的领导总喜欢在会议时滔滔不绝，把自己想做的、想说的、认为正确的，一股脑地抛给下属，希望下属能多多明确自己的想法。可是，这些领导忽略了一个最为重要的问题：领导为什么是领导。

领导之所以被称为领导，是因为他能站在丰富的资源与管理者角度上，有超前的意识和前瞻能力；下属被称为下属，是因为由于定位不同，他们的想法和思考总是片面的。领导把自己的想法一股脑抛给下属，只会让下属烦躁，觉得自己要做的事情很多，却无法快速找到哪个是领导最希望自己先完成的。因此，领导在演讲的时候，一定要结合下属的情况和态度，不能只凭自己的喜好和想法长篇大论。

一次只传播一个观点，有利于下属的理解能力、领悟能力、执行能力的快速提高，下属也会在这些一件件办好的事情中找准自己在企业中的定位，提升个人的能力，从而为企业创造更大的价值。

很多人认为，一次只传播一个观点，会议的时间将会很短，效果也会不好。其实不然，领导在一次只传播一个观点的演讲中，也有很多传播观点的方法和诀窍。

第一，语言简略。领导在谈话的过程中，语言一定要简单精练。特别是在单向交流的应景式谈话中，这样才能让别人更直观地明确你的意图；在多人参与的多向交流中，也要切记不可滔滔不绝地去说，要留给别人谈话的工夫和理解消化的时间，听从一些别人的反馈。

某大学举办一场毕业生座谈会，学校很多领导都发表了讲话。第一位讲话的党委书记用了三分钟向毕业生表示祝贺；第二位讲话的彭教授引用了列宁的名言，希望同学们继续努力学习；第三位讲话的潘教授朗诵了高尔基的《海燕》片段，勉励学生们要学习海燕拼搏的精神；第四位讲话的是系副主任，他希望同学们不要忘记母校和老师。学校领导的发言完毕，同学们纷纷要求他们喜爱的王老师上台发言。王老师毫无准备，却又无法推辞，站起来回忆了几个和同学们之间的小片段，然后说："前面几位给同学们提出了殷切的希望，我还是喜欢他们说过的话。”底下同学发出了笑声。王老师接着说：“第一，我要祝同学们顺利毕业！第二，我希望同学们学习，再学习！第三，希望同学们像海燕一样，勇敢地搏击生活中的风浪！第四，希望同学们不要忘记母校，不要忘了辛勤培育自己的老师们！”王老师的讲话，主题鲜明有力，顺序清晰合理，言辞简单明了，让人听得津津有味。

第二，语言要风趣，穿插一些趣闻轶事。在演讲的过程中，不要一成不变地说，要不断地穿插一些和观点有关的故事或者趣闻轶事，帮助自己证明观点，同时还能调节与会者的情绪，让本来呆滞的演讲现场变得活泼起来，与会者的倾听专注力也将大大提高。

第三，给予一些鼓励和赞誉，求得共识感。在领导讲话的过程中，如果与会者认为领导所表达的某个观点和自己关系不大，就经常会出现冷场的情况。这时，领导就应该采取一些方法，拉近自己和与会者的心。一个最有效的方法就是发自内心地鼓励和赞誉，用合乎情理的话，激起他们的共识，提高他们的兴趣。

第四，调动与会者的热情。在会议过程中，适时提问，让与会者站在他人的角度去思考问题，这样就能快速地转移与会者的注意力，调动参与者的热情。

第五，制造悬念。在演讲的过程中，制造悬念可以吸引听众的注意力，激起他们参与的热情和兴致，也可以让演讲的内容和观点得到更为精确地传达。

### 画龙点睛

所谓领导力，就是要用启发、诱导、教育、传播等方法，让下属心悦诚服地接受，并能贯彻领导意图的领导方式。好的领导，知道如何在最短的时间内，带领自己的下属一步步地完成目标和计划，更知道如何让一个简单的会议变得不再简单、变得更加能调动与会者的积极性和参与度。一次只传播一个观点的会议，让下属们更加清晰准确地明白了领导的想法和意图，并且更加有积极性地参与其中。

## 列出符合逻辑的演讲大纲

如果想让会议开得更好一些，不仅仅是安排职工喝点咖啡、听听报告就可以解决，而是会议内容要有价值、有参与性、有产出。这样的会议就更加需要一个较为清晰的目标，一个能够相互对话的开放环境，以及一个充分掌握会议进程的强有力的领导。而这些就要求领导在开会的时候有更充分的准备，最好是能够制订一份符合逻辑的演讲大纲。

在制订符合逻辑的演讲大纲之前，领导首先应该明确：你需要什么。

第一是提前准备。你必须用几分钟甚至是几个小时来制订计划。

第二是会议的主题。你需要知道这个会议的主要内容。

第三是会议的分配。你需要明确自己要谈论什么，给主题下的每个小的题目各分配多少时间。

第四是思考如何让大家参与进来。如果能够让大家集中精力，这个会议就是成功的，相反，这个会议就是失败的。

明确了这些之后，就要开始列出符合逻辑的演讲大纲。

演讲大纲的格式一般分为三部分：前言、主题和结语。

前言是和与会者拉近关系的最好阶段，可以讲一讲为什么开会，为什么让大家参与进来，参会的心情等，从而让大家感觉到放松，愿意参与到会议中来。主题即会议要讲的内容。会议发言提纲不要求一定有结语。如果需要的话，结语可以给大家一些思考的空间，或者用一两句话简单地对自己的发言进行总结和提炼。

以年终总结会议为例，可以这样准备演讲提纲。

题目：年终总结

前言：问好、热场、致谢、宣读工作精神……

主题：1. 企业今年的总体工作情况：全年完成指标情况；全年开展的主要工作；得到的经验和教训；急需解决的问题和矛盾……

2. 企业明年的计划和打算：改革内部机制；创新经营模式；加强企业管理；抓好人才建设……

3. 各部门具体述职

4. 优秀员工表彰

结语：提振信心，祝福

这样的演讲大纲，整洁自然，条目清晰，非常适合在演讲的时候参照。

演讲大纲的主题是会议的精髓部分，是会议发言的核心内容。这部分讲什么、怎么讲、讲多还是讲少，都是由会议的主题决定的。领导在拟演讲大纲的时候，可以简单，也可以复杂一些。简单地列出，也就是只写出发言的要点，具体的内容不做标示；而复杂的演讲大纲，则需要多做一些阐述。比如可以加入一些自己的认识和体会；企业某部分工作的回顾和发展；目前存在的问题和不足；接下来的安排和努力方向等。

圣母大学的一位管理学教授曾经说过，确定是否需要开会的最好方法就是问问自己传递的信息是不是单通道的。如果你想给你的团队发送最新消息或者发一个状况报告，那么电子邮件就足够了。如何主导好会议，并清晰明确地让别人参与进来，保持好时间性、有效性和相关性，就一定要提前做一些准备。有些领导会把会议内容用邮件的形式发给各位同事，让他们提前准备和思考；有的领导会准确把握会议的有效时间，同时还会向同事们展示，自己非常尊重他们的时间；有的领导更愿意在有限的时间内，激发大家的工作积极性。对于不能一次解决的问题，会分阶段、分步骤去完成。

总之，作为领导，要想成就一个效果斐然的会议，充分的准备与一份符合逻辑的演讲大纲是必不可少的。

## 画龙点睛

有逻辑的演讲大纲是一场演讲的主要框架，也是联系演讲内容的重要纽带。如果演讲大纲写得比较随意，领导的整个演讲就会显得非常散乱，前言不搭后语，不仅难以表达出领导丰富的情感和深刻的主题，更不可能通过演讲展现领导的个人魅力。相反，一份能够表达内在情感、考虑材料安排，且符合逻辑要求的演讲大纲，必然会使得领导的演讲中心明确，结构严谨，具有说服力。

## 让演讲更具条理性

演讲能力，是企业领导的核心竞争力之一。随着企业的不断发展，企业领导面临发表演讲的场合越来越多，演讲也就逐渐成为企业领导的一种职业行为与彰显个人能力的另类名片。而影响演讲好坏的一个重要因素就是演讲的条理性。

要想让我们的演讲更具条理性，首先就要知道我们在演讲的时候常犯的毛病。一般地说，颠三倒四、丢三落四、前后矛盾、没有重点、主次不分等情况都是我们演讲时常犯的毛病。如何才能让领导讲话更加条理清晰，主次分明，重点突出呢？

第一，一定要按照次序演讲。只要能够按照次序讲话，演讲的内容就一定是非常有条理的。演讲的次序很重要，可以按照时间顺序、地点顺序、事态发展状况顺序、流程顺序、因果关系顺序、历史顺序、结构顺序等方面来讲。

打个比方，当领导讲到企业的情况时，可以从企业的历史讲起：

企业是哪年建立的、建立之初的企业理念、企业当时的发展状况、企业的最初愿景、企业的重大转折、企业遇到过什么样的危机、如何化解危机、今天的企业又是什么情况、企业的变革和挑战、需要大家配合什么……这样下来，演讲就显得一目了然，非常有条理性。

同样地讲到企业的历史，还可以从企业的规模讲起：当时的企业规模多大、企业的员工奉行什么样的理念、达到一种什么程度、中间经历了什么变化、企业规模是扩大了还是缩小了、如今的企业规模和企业文化如何等。

第二，一定要学会分类表述。分类表述是让演讲听起来更有条理性的一个手段。按照事物或者事件的内容属于什么性质进行演讲，或按照类别的不同进行演讲，这样就可以让自己的演讲有主有次，有递进，有转折，别人自然会一目了然。

比如对企业发生的一件事情，可以按照领导层的要求来分：领导是什么样的态度、领导期待这件事能达到的最好效果、结果如何、对企业的影响是什么、领导针对这类事做了哪些调整和改变。或者按照下属的执行力来分：当时下属接到的任务是什么、领导的要求和下属的执行力之间出现了什么问题、针对这个问题下属是如何解决的、最终的结果和领导的预期有何不同、下属需要做出的反思是什么。还可以按照对客户造成的影响来分：客户希望得到什么、结果给予的是什么、客户将要承担的是什么、企业为之所做的补救措施是什么……这样一来，整个的表述就显得清晰明了。

第三，当演讲内容比较多，分类或者按照次序表述都不能表达出演讲意义时，可以采用分层的方法。具体的方法就是对演讲内容进行分类，并把每一个要演讲的内容用数字进行标注，这样看起来一目了然，别人也会感觉非常有条理性。甚至有时候，即便领导的讲话内容比较杂，只要加上数字，就会让下属感到条理分明。当时不理解领导的讲话，但只要记录下来，有编号可循，也能在会后进行梳理和思考。

格力电器的董事长董明珠在出席中南财经大学周年庆典时的演讲就非常具有条理性。她先是用简单的语言介绍自己，同时快速和大家拉近距离："我就是个做空调、卖空调的！"接着，董明珠又着重谈了四点：谈人才，她说不怕被人挖墙脚；谈创新，她说不吝惜科研投入；谈制度，不允许干部说谎；谈"赌局"，不认为自己会输……这场演讲中，董明珠逻辑清晰，条理性强，从容自信，条条都反映出了这位公认的女强人独特的商海智慧。

## 画龙点睛

在工作中，领导与下属相处，语言风格至关重要。如果领导的语言颠三倒四，杂乱无章，他的讲话对于下属就没有实际的指导意义，相反，还会让下属觉得领导的能力有问题。因此，领导在讲话的时候，不但要敢讲，更要会讲，让自己的思维清晰，讲话严谨有逻辑，这样下属才能听得明白，做得清楚。

## 清晰而有力地表达重要信息

唐太宗李世民说：“言语者，君子之枢机，谈何容易。”这句话的意思是：说话，是君子表现自身素质的关键所在。因此，我们君主在讲话的时候怎么能够简单随性呢。作为平民百姓，如果有一句话说得不好，也许就会被别人记住，被耻笑，甚至遭到损害，更何况是万民之上的君主呢。因此，君主一定不可以讲出不妥当的话来。

如今政界、商界等领域里有着领导名头的人越来越多。这些领导干部往往要参与各种各样的会议，在各种重要或者非重要的场合发表演讲。有一些领导把讲话不当一回事，往往观点随性；有的是只有道理没有依据；有的是鹦鹉学舌、人云亦云；更有甚者，讲大话、讲空话……很多乍一听，好像挺有道理，可是，听的时间长了、听的人多了，就会觉得味同嚼蜡：枯燥无味、言之无物。

领导作为一个企业的中坚力量，作为企业各个方针政策的决策者和执行者，要学会在演讲的场合，清晰有力地表达重要的信息。

第一，保持逻辑的清晰。无论在何时何地进行演讲，都需要有严谨的逻辑，有主线贯穿其中。有的领导在演讲的时候总是用一些散乱的罗列方式，甲乙丙丁排列下来，虽然每句话都很清晰，但会让下属摸不着头脑。这样就造成了若干个清晰的语句组合到一起后，非但没有把话讲清楚，反而给人模糊的感觉。

航空史上曾经有一次飞机失事，就是因为没有准确地表达逻辑关系。当时的飞行员在油料所剩不多的情况下，向指挥塔分别发出了两次信息：“油料不足”“油料危急”。这两句看似很清晰的话，却给听的人带来了疑惑：油料剩多少了？危急到了什么地步？从而造成地面指挥不能及时地给出解决方案，导致飞机坠毁。试想如果飞行员当时就把“油料不足”改为“油料只能维持二十分钟”，把“油料危急”改为“油料最多维持十分钟”这样清晰的表述方式，那么地面指挥就会更清楚飞机目前的状况，空难也就有可能避免了。

第二，表达要清楚。领导在演讲的过程中，如果语病连篇、病句不断，那么整场的演讲就是失败的。表达不清楚，必然无法传递重要的信息，同时，还会使下属对领导处理信息的能力产生质疑。只有清楚地表达，才能让下属对领导演讲的内容形成整体的认识，迅速掌握到其中重要的信息。

第三，学会重要度排序。对于员工来说，每个人的手头都有许多事，哪件是企业目前正在做的、急需做的，需要领导通过会议来传达。领导要善于从企业要做的多件事中找准最先要做的，通过会议的形式传达给下属。而这些，就需要领导在讲话中适当安排不同事件的比重。

第四，简洁地表达出重要信息。简洁的表达并不等于简单，而是追求用少量的话传递大量的信息。无论面对的是董事长、高级总裁、合作者或是客户、一般的下属，简洁地表达重要信息都是最基本的。每个人的时间都是有限且有价值的，没有人喜欢啰唆。简洁的表达，一定是要让自己的演讲句句有力、字字千金。

**画龙点睛**

“言达要点，繁简有节”是古今中外演说的最高境界。清晰有力的演讲，不仅仅是内容上的高度凝练，更是领导内涵的一种展现。领导的演讲，一定要认真思考这些问题：给下属听的重要内容是什么？如何在锤炼语言上下功夫？如何才能做到面面俱到、四平八稳？只有这样，才不会出现“时间越讲越长，新意越来越少，废话越讲越多，下属越听越烦”的现象。

## 少即是多，不要迷恋长篇大论

很多领导在做演讲的时候都会有这样的困惑：说得少了，怕下属听不明白，说得多了，又怕下属没耐心。在演讲的时候，究竟应该怎么做，才能让下属听到心里去呢？

对于这个问题，我们不能一概而论。其实，对于演讲本身而言，只要有内容、有感情，长短都是无所谓的。但是对于领导而言，演讲尽量短一些可能效果会更好，特别是本来就没有多少东西可以说的时候，如果领导还是唠唠叨叨，很有可能会让下属生厌。即便是内容准备得很充实，语言很丰富，但是如果太长，也会让下属受不了。

美国作家马克·吐温就遇到过这样一件事：有一天，马克·吐温要听一个教士布道，刚开始的时候，他觉得这个教士讲得真不错，于是便拿出五十美元，准备给教士作为报酬；但当这个教士讲到十分钟的时候，马克·吐温决定只给他十美元；当这个教士说了三十分钟还没有结束的时候，马克·吐温决定只给他一美元。一个小时过去了，教士还没有结束的意思，马克·吐温不但不想给他钱了，而且还从教士的盘子里拿出十美元走了。

这个故事就是在告诉我们，如果你的演讲喋喋不休，那么下属一定会厌烦。所以在演讲的时候，一定要放弃长篇大论的演讲方式，如果能够把自己所说的话总结浓缩成一句，就如同将短小精湛的话变成一颗沉甸甸的小石头，在下属心中激起层层波浪，令人久久回味。

要想学会用精练的演讲词来表达自己的观点，还要善于用以下方法。

第一，要善于用正反对比的演讲方法。精练的演讲，必须在最短的时间，最少的语言中抓住问题的关键部分，以求一语中的。

一句话的演讲，其实不需要拐弯抹角，不需要很多细节的补充，只要能够抓住精髓就能吸引听众。

我国著名的政治家、出版家邹韬奋先生曾经在上海各界公祭鲁迅先生的大会上发表过一句话的演讲，令人印象深刻。他是这么说的：“今天天色不早，我愿用一句话来纪念先生：许多人是不战而屈，鲁迅先生是战而不屈。”

邹韬奋先生这一句话的演讲，被当时在场的人称赞为最具特色的演讲。透过这句话，我们可以感受到它里面所表达的丰富的内容：既有对当时投降派“不战而屈”的谴责，又有对鲁迅先生“横眉冷对千夫指”、绝不屈服的高贵品格的赞誉。这极其精练的一句演讲，正是通过正反对比的方法激发了人们奋起抗争的勇气，鼓舞着人们以鲁迅先生为榜样，绝不屈服，勇敢战斗。

第二，要灵活运用语言，善于托物寓意。成功的领导往往思维灵活，善于运用多种表达方法来表述自己的观点，他们常常会从人们意想不到的角度切入话题。而此时，演讲的会场会变得非常和谐，意趣盎然，氛围热烈。

我国著名的学者马寅初先生曾经参加过一位朋友的结婚典礼。在仪式上，当马寅初先生出现的时候，人们的情绪顿时高涨起来，纷纷要求马寅初先生上台致辞。马寅初先生原本并没有做准备，但是身处如此喜庆的环境中，又有这么多人有这样的意愿，于是他就走上了台。他看了看会场上的新郎和新娘，只说了这么一句话：“我想请新娘放心，因为根据新郎大名，他一定是位好丈夫。”话音刚落，台下一片安静。短短几秒钟之后，现场迸发出一阵热烈的掌声和笑声。原来，这位新郎的名字叫“良夫”，这可不就是好丈夫的意思吗？

马寅初先生机智、幽默的语言，不仅增添了喜庆气氛，更让人们记忆犹新。

第三，要针对演讲主题，给人留下深刻印象。领导所设计的演讲内容一定要简明扼要，最后一句话一定要像第一句话一样清晰有力。如果能够运用一些令下属感到有趣的方法，那么就会使演讲本身变得简短而有趣。

曾经有一位演讲者做了一个非常短的演讲。他走上台的时候，用慷慨激昂的语言只说了这一句话："我演讲的题目是《坚守岗位》。"一句话之后，他便闭上了嘴巴，走下了台。听众开始十分不解，后来又开始窃窃私语，甚至感到非常气愤。正在这时，这位演讲者再一次走上了台，说："如果我在演讲的时候离开讲台就这么不能被容忍，那么，在工作期间擅离职守的人是不是更应该被谴责呢？我的演讲完了，谢谢大家。"台下安静了两秒钟之后，爆发出了雷鸣般的掌声。

这样的演讲可以说短之又短，但听众的掌声说明这位演讲者的演讲是成功的：他没有用很多的词汇、很多的语言，而是借助了自己的行动，来说明自己的演讲内容。虽然很短，但是能够引发别人的思考，非常有力！

妙语连珠的背后是缜密的思维、严谨的逻辑。只有善于演讲、口才卓越的领导，才具有独特的优势，这一优势在评估方案、股东宣传、组织协调等方面都凸显出重要的作用。

## 画龙点睛

当今社会，谁善于总结概括，谁明白"少即是多"的道理，谁就能驾驭自己的"舌头"，成就自己的一生。现代社会的节奏加快，这就给领导提出了更严峻的要求，即在演讲的时候一定要简短有力，宜精不宜长。如果洋洋洒洒没完没了，那么一定会招来下属的反感。只有用简短的句子概括演讲的内容，才能将信息快速地传递给下属，带动下属的积极性。

## 有效突出演讲主题

每一场演讲，都应该有正确鲜明的主题。演讲的主题，是演讲的灵魂，是演讲的思想价值所在，也让演讲本身展示出感人的艺术魅力。对于演讲的主题而言，如果是空洞地说教，罗列一些现象，或者是重复别人说过的话，那么这样的主题就显得太过平淡无奇，整场演讲也没有亮点可言。

领导在演讲的过程中，如果过于忽略主题的作用，那么整个演讲的效果就会大打折扣：下属不明白你在表达什么，你想要他们做什么，这样的演讲还有什么意义呢？因此，领导在演讲的过程中，一定要注重主题的作用，有效地突出演讲的主题。如何才能有效突出演讲主题呢？

第一，演讲开头就直截了当地揭示主题。这种方法非常直接，开门见山，下属一听，就知道领导演讲的主要观点，然后可以通过联想、思考得到部分结论，最终通过领导的讲解，全面了解思想内容。

第二，演讲结束时，点明或深化主题。这样能够突出演讲的主题，给下属留下深刻的印象。

一篇《一个青年军人的思考》的演讲是这样结尾的："没有一个诗人靠编织谎言而获得成功；也没有一个胜利的将军，只会纸上谈兵，没有实际演练。因此，只有依靠自身的素质、实力和价值，努力拼搏，才能成为真正的强者。一个国家也是如此，只有自强不息，才能屹立世界强国之林。"

这段演说的演讲者，是农民出身的军人，经过自己的努力，在人才竞争激烈的社会中，脱颖而出，成为一名著名的报社记者。他通过自己的亲身事例，告诉听众：一个人，只有努力拼搏，不怨天尤人，才能在社会中立足；而一个国家，也只有自强不息，才能挤身世界强国之列。这样的结束语，起到了画龙点睛的作用，听众能够从中感悟出演讲者演讲的深刻含义，获得启发。

第三，演讲中，用精练的语言突出演讲主题。在演讲的中间部分、重要的地方，加入精练的语言，就能起到突出重点、警策全篇的作用。这样可以使演讲的主题格外鲜明。

著名演说家佩特瑞克·亨利曾经做过一场名为诉诸武力的演讲，在这篇演讲中，佩特瑞克·亨利便是用"不自由，毋宁死"的语言，来揭示全篇的主题。当演讲中所做的铺垫，比如叙事、抒情已经很充分的时候，如果能够加入精练的语言突出主题，就能使演讲更为饱满，情理交融，并可以使听众的情感认识获得理性的升华。

第四，演讲中，要反复解释演讲主题。这样的方法可以让下属彻底了解演讲的主旨。很多著名的演说家都非常善于使用这种方法来突出演讲的主题。

著名美国民权运动领袖马丁·路德·金有一段非常著名的演说——《我有一个梦想》：“我梦想有一天，这个国家会站立起来，真正实现其心跳的真谛……我梦想有一天……我梦想有一天，我的四个孩子将在一个不是以他们的肤色，而是以他们的品格优劣来评价他们的国度里生活。”

这段话，马丁·路德·金运用了一连串的排比，反复地点名主题，给听众带来强烈的心灵震撼。

第五，从多个角度进行正反对比，突出主题。要想透彻地说明一个观点，如果只从一个角度去论证，是远远不够的。如果能够加入正反对比的方法，相信主题一定会更为突出。

美国有两个家族，都繁衍了八代人。其中一个是爱德华家族，它的始祖爱德华是一位治学严谨的哲学家，他不但本人勤奋努力，更是用自己良好的品格培养了很多优秀的子孙。在他的八代子孙中，出了一位总统、一位大使、二十多位议员、一百多个教授、六十多个医生，还有其他有名望的职业；另一个家族的始祖叫珠克，他是个酒鬼、赌徒，整天不务正业，而他的后代子孙中，出了三百多个叫乞丐、六十多个强盗、七个杀人犯，还有几十人死于非命。

演讲者在这篇名为《成功的家庭教育给予人们的启示》的演

讲中，就是利用对比的方法加以事实的论证，告诉我们，每一个家庭都是孩子的第一个学校，每一个父母都是孩子的第一任老师。家庭的教育和影响，对于孩子的人生观、价值观的形成具有非常重要的作用。这个演讲取得了很好的效果，也让听众对主题有更为直观的理解。

### 画龙点睛

每篇演讲中都有一个鲜明的主题。演讲的主题也是为了表达某种目的，或是用于展开演讲内容，或是用于表达自己的观点，或是用于抒发演讲的情感。作为领导，如果想更好地传播自己的思想和观点，就不能忽视主题的作用，要运用多种方法把握好演讲的主题，深化演讲的内容，从而吸引下属的注意力。

## 成功“销售”你的观点

在企业中，中高层的领导经常会遇到这样的情况：自己在会议中、私下里无数次向下属提及自己认为可行的观点和想法，但是下属却迟迟不去执行，或者在执行中无法达到自己想要的效果。是下属不明白自己的想法吗？如果真是如此，又该如何将自己的想法和观点更好地传递给自己的下属，并让下属很好地去执行呢？这就需要中高层的领导学会成功地“销售”你的观点。

第一，清晰地描述自己的观点。销售自己的观点和销售产品是完全不一样的。对于产品来说，它是实实在在的，看得见、摸得着的物品；而对于观点来说，除了是领导自己脑中的想法以外，并没有实物可以证明。因此，领导在销售自己的观点之初，一定要先用清晰的语言描述出来。只要你把自己的观点描述得足够清晰、准确，就一定能让对方明白你的想法。

第二，用事例佐证自己的观点。相信很多人都有这样的感觉：对于一个抽象的“知识”，我们多半不会表现出巨大的热情；而对于一个有吸引力的事例，我们则往往会产生更大的兴趣。领导在演讲的时候，一定要注意：在销售自己的观点的同时，一定要加入事例佐证。

第三，观点要和对方的目标与发展匹配。领导总是不可避免地从自身的角度去规划自己的想法和观点，但是在向别人传播观点的时候，一定要从对方关心的角度去解释，表明自己的观点如何能够帮助对方解决实际存在的问题。只有真正了解对方的动机和需要，才能让自己的观点为对方提供帮助，从而提升观点的价值。

第四，积极应对想法中潜在的危机。没有一个观点或者想法是完美无缺的。领导在“销售”自己的观点时一定要注意，千万不要过度吹嘘自己的观点多好，也不要试图去隐瞒想法中已经潜在的问题或者缺陷。如果领导能够提前对自己的观点有所预见，并能积极地为可能出现的后果进行缜密的思考和应对，这样的观点才是比较成熟，且容易被对方所接受并付诸实践的。

第五，小心处理“销售”的结尾部分。领导在“销售”观点的结尾部分，一定要想办法创造条件，让自己的想法能够顺利地实施下去。可以先概括自己的观点，再向对方提出一些关键的问题，保证对方对自己的观点非常赞同，这样就可以进行接下来的沟通和具体的实施过程。

做到以上几点后，相信很多领导在演讲的时候，能更成功地“销售”自己的观点。

### 画龙点睛

领导需要格外注意的是：在向下属“销售”自己观点的时候，一定不要盲目推销。否则上下级之间会因为理解不同、所处地位或环境不同而出现“对牛弹琴”的效果。如果一味地纠结于对下属解释、解释、再解释的恶性循环中，不仅会让自己无法把握会场的时间、下属的需求，还有可能会忘了自己到底要做什么。因此，一定在推销自己的观点之前，就要了解下属的需求，然后用清晰的描述、积极的应对措施来生成能够让下属接受的内容。

## 记住：演讲的目的是“给予”

作为领导，在做演讲的时候，需要言之有物、言之有理，从而取得更广泛的感染力和影响力。不过，这仅仅是演讲的目的之一，而演讲最重要的目的其实是“给予”。

企业经常会进行各种规模的会议，与会领导在会议中的演讲，大多是结合企业的发展状况，总结和制订新的计划。在这个过程中，领导更多的是“给予”下属信心，“给予”下属方向，“给予”下属目标，“给予”下属更多的归属感。具体而言，什么是“给予”呢？

第一，演讲是“给予”对方自己的思想和观点。领导在实施领导的过程中，会碰到表达自己思想的问题，如何把这些问题有条理地串起来并传递给他人，就是演讲的主要目的之一。企业的领导是企业的领头人，必须要根据自己的经验和目标，用积极的语言、简单的句子，在各种各样的场合，用多种方式传递出去，从而让下属的思想和企业更贴合。

某大学的一位学生就曾经在一次比赛中表达了自己希望维护世界和平、增进各国友谊的观点，他是这么说的：曾经有一位宇航员说过：“从太空，看我们地球，她是如此的平静，平静得就像是一个熟睡的婴儿。突然间，一种冲动涌上我的心头，我问自己：‘国与国的界限在哪里？为什么在太空完全看不到呢？’后来，我终于悟出了答案，上帝创造人类的时候，从来没用线条把他们分开，现在的线条，是人类自己用战争和对抗来分隔彼此的。”

这样的语言，就巧妙地“给予”了对方自己的思想和观点。

第二，演讲是“给予”对方增强自身的责任感。一次成功的演讲，必然能把演讲者的内心世界展现在听众的面前。企业也是如此，一次高效率的会议，一定是领导把自己的观点和见解展示给下属，同时，给予下属承诺的机会、行动的机会。在这个不断重复的过程中，让他们学会对自己说出的话负责，从而培养下属自身的责任感。领导和下属观念的趋同性，必然会给企业注入极大的动力，推动企业大步向前。

第三，演讲是“给予”对方增强自信心的方法。现实生活中，一个人自信心是否坚定，对他的事业起着关键性的作用，在企业中，这点更为重要。当人人都自信满满的时候，企业的发展也就会蒸蒸日上。要做到让企业员工自信满满，企业领导就必须随时随地用演讲的方式增强员工的自信心，对于好的部分，给予鼓励和肯定，对于差的部分，提供方法和思考的空间。只有这样，员工的自信心和积极性才会大大地被调动起来。

第四，演讲是让自己能够更好地与别人相处。当领导阐明一个观点，一个想法的时候，员工会审视自己是否听懂了，懂了多少，从而进一步认识自己，并想方设法充实自己。在这个基础上，领导演讲的目的，就是要更好地了解别人。演讲缩短了领导与下属之间思想上、情感上的差距，建立起友谊的桥梁，从而让领导和下属更为和谐地相处。

对于领导和下属来说，没有什么比一场没有准备的演讲更为糟糕的。因此，在每一次演讲之前，都要明确自己这次的演讲想要给予对方什么。明确了自己想要迫切告知听众有价值的东西之后，就应尽己所能来表达这一信心。

## 画龙点睛

领导讲话，不仅仅需要艺术性，更要有整体的布局和思考，综合各方面的资源，带着目的去讲话。一个领导讲话的目的很多，但最终的目的就是要把自己认为的、所知道的、想到的“给予”对方。只有这样，才能让自己的演讲内容能够和对方的实际相结合，从而让自己的语言深入人心，让听众心服口服，更能促使他们按照领导的意图行动。

# 第二章

# 巧设结构：如何适宜地起承转合

演讲往往会分为两种情况。一种是，领导在演讲的时候，热情洋溢，笑容可掬，声音很有热度，能感觉出领导愿意和下属分享自己内心真正的想法，这时候下属的反应也常常是认真聆听；而另一种则截然相反：演讲的时候，领导洋洋洒洒、长篇大论，但是显得杂乱无章，下属理解费力。两种演讲的情形你更欣赏哪一种呢？相信一定是前者。要想让自己的演讲讲得开心，旁人听得高兴，就一定要把握好整个演讲的结构，组织好演讲的内容。在起承转合之间，既要有过渡，有论证，又要为同一个主题服务。

## 成功的演讲都有精彩的开头

很多企业领导才华卓著，但是嘴皮子功夫却欠一些火候，一讲起话来总是平铺直叙，完全说不到下属心里去。如何做才能让自己的演讲吸引人心？这就需要为演讲设计一个精彩的开头。

第一，演讲的开头一定要能吸引下属的注意。对于领导而言，演讲成败的关键就在于自己的开头是否可以吸引下属的注意。演讲的时候获取下属注意力的方式并不是一成不变的，而是可以根据场景、内容的不同而改变，多用故事、自身经历、名人名言、幽默风趣的语言为自己的演讲加分。

教育家卡耐基在进行一次募捐演讲的时候，是这么开头的："我祈祷自己再也不要这样做，一个孩子和死亡之间只差一粒花生，这难道不是最绝望的吗？那一天，在雅典被轰炸得乱七八糟的厂区里，一群瘦骨嶙峋的孩子把我团团围住，他们疯狂地伸出手，更有大批的母亲怀抱着自己的婴儿，拥挤着，她们都把自己的孩子举向我，一个个皮包骨的手在我眼前晃动，而我所拥有的，不过是半斤重的一桶花生米而已……"这段话，自始至终没有提出一个募捐的要求，没有一句募捐的话，但是感情充沛，让人感动，募捐最终获得了成功。

第二，演讲的开头需要向下属解释关键术语。当一场演讲的成败取决于下属是否能理解演讲中的某一个概念或者术语的时候，那么一定要在演讲的开头就解释关键术语。

一位公司的总裁在向大家解释记者招待会的用途时，就很好地运用了这个技巧：“公共关系，简单地说，就是与社会大众的关系。它的主要目的就是要有效地利用媒体，用多种形式，为公司谋求最佳的企业形象。”

第三，演讲的开头要为下属提供背景知识。演讲的时候，如果下属对演讲的主题不熟悉，那么就很有必要在开头介绍一下相关的背景，这样还可以体现出主题的重要性。

第四，演讲的开头要为下属阐述演讲结构。演讲的时候，应该在开头的部分对内容加以阐述，这样可以更好地让下属理解演讲的主题、中心思想和结构。当演讲的主题很杂、专业性很强、需要论证观点的时候，这样的演讲就能让大家更清晰明了。领导可以采用这样的方式进行演讲：把自己要演讲的内容用序号标注并说明给下属，每一个序号代表一个主题或观点，这样的结构就显得更加清晰。

第五，演讲的开头要为下属说明演讲的目的，如果能够做到这一点，下属就会对演讲产生兴趣。

一位企业家就用了十几秒钟的时间，把自己的演讲目的陈述给了听众：“大家早上好，谢谢大家给予我这个露面的机会，广告联盟是美国家传播工业的一个重要组成部分，当前，我国传播工业还面临很多的问题，而这个重担就落在了大家的肩上，我今天演讲的目的就是把这些问题和挑战讲给大家，并谈谈我的看法。”

第六，演讲的开头要激发大家的兴趣。人都是利己的，只有对自己有利的事，才会专心去听。演讲的开头，就要激发听众的兴趣，这样才能保证演讲的顺利进行。

第七，演讲的开头要争取到下属的信任。有的时候，下属可能会对领导的演讲动机产生疑虑，这样的场合就一定要吸引下属的信任。在演讲的开头，可以坦诚双方的分歧，强调大家的共同目标；对那些听演讲前对领导有所攻击的行为坚决予以反驳；要在开篇否认演讲的动机是个人的、自私的，努力唤起大家的认可之心，让大家仔细去听。

### 画龙点睛

凡是成功的演讲，都会在演讲的开头下一番功夫。领导在进行演讲的时候，更应该如此，精心安排和设计一个好的开头，这样就能在演讲的开场抓住下属的心思，博得下属的好感，从而为自己的演讲奠定坚实的基础。相反，如果演讲的开头平淡无奇，那么这场演讲就会在一开始便失去了和下属交流感情的最佳时机，整个演讲的效果会大打折扣。

## 设计一个好开头，一开口就抓住人心

凡是成功的演讲，都要在开头下一番功夫。领导的每一次演讲，都要设计一个好的开头，也就是要精心设计演讲开场白的 5 ～ 10

分钟，因为这段时间，可能是决定听众能否听下去，决定演讲是否成功的重要标志。

要设计一个精彩的开头，让自己一开口就能抓住下属的心，方法很多，但归结起来，我们可以采取以下几种简单易行的方法。

第一，直接进入主题，也就是我们常说的开门见山。这是在平日会议里，领导经常使用的一种方法，该方法效率高、观点明确、主题鲜明，符合领导干脆、果敢的性格。领导可以在会议之初，就告知大家此次会议的目的，想要达成什么样的效果，这样可以让大家一目了然，明确会议主题。

第二，活跃气氛，即开场时巧用诙谐幽默。在演讲的时候，幽默的语言可以让自己和下属的距离迅速拉近，并能让下属在比较轻松和愉快的气氛中调整精力，迅速进入角色。

有位跳槽过来的领导是这么介绍自己的："大家好，我叫王瑞明。王是王瑞明的王，瑞是王瑞明的瑞，明是王瑞明的明，从今天起，我就要加入咱们这个大集体了。在此，我首先祝福大家，从见到瑞明的这一刻起，祥云瑞气，前途一片光明。"

这样的开场白，迅速就拉近了这位"空降兵"领导与下属之间的距离，让下属感觉到领导的亲和力，接下来的演讲，自然就事半功倍了。

第三，制造悬念，多用提问。在会议的开场部分，如果用平铺直叙的方法，很容易让别人感到无趣，接下来，他们自然也不会跟随你的思路往下走。因此，在开场的时候，不妨设置一些悬念，多用一些引发听众思考的提问句，把大家的好奇心调动起来，这时，他们就会对演讲产生兴趣，就能够在演讲中加入个人的思考。如果领导能够这样做，就更容易把听众的积极性调动起来，这就为自己的演讲奠定了一个好基础。

第四，运用讲故事的方法。领导开会的时候，不妨先讲一些和会议内容有关的真实事件、人物故事等，这样可以迅速抓住下属的注意力，让下属怀着好奇心听下去。

第五，采取引用的方式，可以引用共同的回忆，引用名人名言，引用别人说过的话等，这样的会议比较有号召性，可以让下属快速跟随自己的思路走下去。

演讲的开头，是领导与下属沟通的一座桥梁，起着不可低估的作用。往往领导演讲的开头就可体现出演讲水平的高低。总之，一个好的开头，一定要达到这样的目的：与听众建立信赖关系、与听众拉近距离、引起听众的兴趣等。无论是哪种目的，都可以让领导和下属的互动变得更具建设性，并为会议完美召开打下坚实的基础。

## 画龙点睛

作为领导，不管你准备了多少演讲内容，准备用多长的时间进行演讲，在演讲的前几分钟，都是至关重要的。不要小看了演讲的开头，因为它将决定你之后所讲出的每一句话的命运，下属也会根据你给他们留下的第一印象来决定是否会认真聆听你的演讲。因此，在演讲之初加入一个精彩的开头，将会在最短的时间内聚集下属的注意力，从而为自己接下来的演讲做好铺垫，演讲才会更具针对性。

## 精彩的开场，常用的八种手段

是否精彩的开场，是决定一场演讲是否能吸引听众，得到听众信任的关键。如何设计一个精彩有力的开场白呢？

第一，开门见山式。这类开场白的特点是直来直往，节约时间。下属也能对会议内容比较清晰明了。

第二，巧问问题式。在演讲的开始，就要用提问的方式调动下属的积极性。

有位培训师在一节“上下级沟通”的课上，一站上演讲台，就问大家：“我先问大家一个问题，你们希望提升自己的口才吗？举手让我看一下。”大家纷纷举手。他接着又问：“有谁想提高自己的沟通表达能力吗？”大家再次举手。“好！”这位培训师说，“下面我要讲的就是你们的沟通能力与上下级互动的关系。”两个问题提出之后，大家的注意力马上集中了，演讲也就顺利开始了。

第三，制造悬念式。很多时候，有疑问、有悬念的故事，都非常吸引大家注意。如果刚开始悬念迭起，大家就会随着悬念的一个个出现，集中精神。在演讲中也是如此，如果一开始给大家抛出几个悬念，相信大家的注意力就会集中了。

第四，讲故事式。在演讲开始时，用适当的故事引入概念，是一种最为简单的帮助下属理解领导思想的方法，同时，会讲故事，也是领导最重要的技能。

有位大学教授就用讲故事的方法来演讲《救救孩子》：“去年某日的《新民晚报》，报道了这样一个事实：一个四年级的小学生，每天都要带着妈妈亲手剥的鸡蛋到学校吃。有一天，他的妈妈忘记了给他剥鸡蛋。到了吃饭的时间，孩子拿着鸡蛋，前后左右地看，还是不知道该如何下口。晚上回家后，他妈妈问他的时候，他说：‘没有缝，我怎么吃呢？’”这位教授就是用这样的一个小故事，把听众都带到了自己的演讲主题中，让大家对孩子的独立生活能力都重视起来。

第五，参与活动式。这样的开场白富有创新性，大家会很乐意参与。很多的咨询师、培训师都擅长在演讲的开始做个小游戏，这样可以瞬间提高参与者的热情，前面的铺垫做好了，下面的演讲也就顺利了。

第六，引用名言式。用一些大师或者是名人的言论来作为自己的开场白很有必要。因为名人是大家都认可的，他们说的话也更容易被下属所接受，同时，大家也会思考你的演讲和名言的关系。

第七，列举事实式。所谓的列举事实，就是要用事实说话。从一件事中，可以找到很多角度和方法以供借鉴，如果能够找到周围发生的事作为开场白，相信能激发下属真正地参与到对话中。有的领导用自己的亲身经历作为开场白，这样对于加强上下级的互动很有好处，下属从内心真正尊重领导，对于领导的演讲也必定会认真对待。

第八，夸奖听众式。人人都爱听好听的话，赞美听众的效果也非常好。如果在开场时先对下属的所为加以褒奖，那么下属的参与热情、责任心、自信心和成就感都会提升，这时候再开始自己的演讲也就比较容易了。

### 画龙点睛

俗话说“万事开头难”。想要用几句简短的开场白，迅速抓住听众的心并不容易。如果演讲的开始就不能吸引听众的注意，那么即便后面言论再重要，也于事无补。因此，领导一定要用多种方法，创造出新颖、别致、有趣、彰显领导力的开场白。只有这样，才能够吸引下属注意，拉近上下级之间的距离，从而达到控制演讲现场的目的，并为接下来的演讲内容顺利地牵线搭桥。

## 来一段简洁有力的开场白

作为演讲者，无论你之前多么精心地准备了演讲内容，演讲最初的三分钟都是至关重要的，领导会议演讲也是如此。短短的三分钟开场白，决定着这场演讲的氛围是否能够营造得起来。开场白讲得好，下属才会耐心聆听你的演讲；开场白讲得不好，就等于白开场。俗话说：“好的开始，是成功的一半。”著名的俄国文学家高尔基也说过：“最难的是开场白，就是第一句话，如同在音乐上一样，全曲的音调，都是它给予的。平常却又得花好长时间去寻找。”想要将恰当的开场白手到擒来不容易，必须依靠自己的长期积累和刻苦钻研。

那么，如何才能让自己演讲中的开场白亲切、自然，几句话就能说到下属的心坎上呢？

第一，就地取材。这样的开头信手拈来，紧贴下属所处的场合，令人有亲近感。

比如，有位著名的书法家在江西进行演讲时的开场白就是就地取材得到的。“来到咱们江西，我一直处于激动之中，”这位书法家指着当时所处场合的背景布上的条幅（条幅上是南昌的八岁小书法家所写的“腾飞”条幅），“今天，我就从‘腾飞’二字说起。”

这段开场白简洁自然，很容易与现场的听众产生共鸣。

第二，娓娓动听。这样的开场白好像是与亲戚朋友促膝谈心似的平和，饱含深情，下属听了会倍感亲切。

身有残疾却自强不息的张海迪在一次演讲的开场时就是这么说的：“我真希望自己能够站起来、能够走着，能够和所有给了我真诚的爱的朋友握握手、问问好。下面我就把我这几年的生活情况和遇到的一些事情，讲给老师们听，讲给亲爱的弟弟妹妹听。”

这段开场白仿佛聊天一般，娓娓道来，让人为之动容。

第三，就事表态。这样的开场白别致新颖，既能突出演讲的重点，又能牢牢地吸引听众的注意。

曾经有个人就是利用了一段很有名的网络语言作为开场白进行演讲的。他说："有首诗说'人生本是happy，何必苦苦study，只求考试pass，拿个文凭go away，娶位漂亮的lady，抱个胖胖的baby……'我们大学生只是为了考试pass和漂亮的lady吗？不，绝不，今天我要讲一讲大学生的责任。"

这样的开场白新奇有趣，一下子就能调动起听众的情绪。

第四，引歌点题。这样的开场形式生动活泼，引人入胜。

优秀的青年思想教育工作者郭女士所做的演讲就是从一首有名的歌曲《十五的月亮》开始的。她把这首歌曲巧妙地和自己所要演讲的题目《大学生与恋爱问题》结合了起来。

这样的开场形式没有距离感，很容易激发起听众的热情。

第五，幽默有趣。这样的开场形式幽默风趣，引人入胜。

某位书法家给一些中学毕业的孩子做演讲的时候，是这么开头的："我小时候是个男孩子。"话音刚落，全场轰动，孩子们一个个咧开嘴，哈哈大笑起来。

这样的开场形式新鲜有趣，一开始就牢牢吸引了听众的耳朵。

不管任何形式的开场白，衡量优劣的标准只有一个：你的听众是否对你的演讲感兴趣。只要你带有激情，用更加灵活多样的方式传递信息，那么你的开场白就一定会一鸣惊人，快速抓住下属的心。

### 画龙点睛

演讲的开场白是演讲的基础。一般来说，开场白需要解决演讲中的三个问题：拉近与下属的距离；建立和下属的信赖关系；引起下属的兴趣。因此，领导在演讲的时候，一定不能一板一眼，而是要学会用多种方法、多种途径，来让自己的开场白变得更加与众不同，更具吸引力。

## 耐心引导，带听众了解演讲流程

清晰的表达，不仅仅是语言上的艺术，更是一个人思想、体系、个性的体现。作为领导，在和员工进行沟通的时候，一定要做到耐心引导。只有心怀坦诚，耐心细致，让员工感受到真诚、可靠，员工才更愿意跟随领导的思路听下去、听进去，才会在领导面前敞开心扉。领导不仅仅要表达自己的思想和意图，更要通过耐心地引导，帮助下属建立这种思想。一个能够做到耐心引导的领导，才能在自己与员工之间建立起信任和感情。

成功的会议，就是领导能够在与会的时候把自己的想法传递给下属，同时又被大家所认知。因此，作为领导，一定不要小瞧了演讲。只有具备在会议的时候有演讲的能力，同时通过耐心的引导，带听众了解演讲的流程，才更利于会议的成功。

要做到在会议期间耐心引导下属，带听众了解演讲的流程，就要做到以下几点：

第一，从下属的态度着手引导。如果领导在下属中有比较高的威信，那么下属往往会受此影响而喜爱演讲的内容，即便有时候，演讲的内容并不是他们所熟悉和认知的，也会报以热情合作的态度。所以一定要正确了解下属的态度，并据此进行引导。想要了解下属态度，可以通过以下的方法：首先可以通过自己对下属的评价、某一个时期的舆论，或者和个别下属的谈话以及演讲过程中的提问和插话等，判断出下属对某事的态度，积极还是消极，是否感兴趣……从而找到下属容易接受或比较关注的部分，开始引导。

第二，从下属的认知中引导。因为领导的威信所在，下属往往会认为领导的话是权威的、可信的，会更容易被动接受。在一定程度上，就成了一言堂，这本身就和建设性的互动相抵触。因此，一定要从下属认知的、有感受的部分开始引导，让下属真正从自身的情况出发，了解整个会议的流程。

第三，从下属的情感中引导。如果领导在会议期间，满足了下属的情感心理需要，那么整个演讲流程会更容易被下属认知。这是因为当下属的好奇和期待心理得到满足了之后，他们就会对领导产生一种归属感和亲近感，从而更容易带着兴奋的心情听演讲。上海一家工厂招收了一批失足青年进厂工作。厂长在新职工入职会议上，发表了这样的一篇讲话：“非常欢迎大家来到厂里，一起努力振兴企业。也许你们过去发生了很多不愉快的事情，但这些经历是你们的隐私，不用给我讲，同时，我也不允许别人去议论。我相信，你们选择来这里工作，就是想和过去告别。我知道，大家都想有一个新的开始，不希望听到任何和过去有关的事。我能够理解你们，只要你们能努力工作，我在此表态，一定会一视同仁！”这场演讲，就是从听众的情感心理进行引导，帮助这批失足青年重拾信心，争取新生。这场演讲取得了非常好的效果。

第四，要用平和的心态引导下属。作为领导，最高级别的演讲并不是别人听到了什么，而是自己的话让别人有了什么样的感受，做出了什么样的决定。领导和下属在人格和政治地位上都是平等的，只是暂时的社会分工和社会义务不同。因此，一定要用平等谦和的态度去举行会议，既向下属宣传某些思想，同时又可以从下属处得到更多的反馈。

第五，用下属比较容易接受的方式进行引导。这就要求领导在会议的时候，先申述一种与下属观点相同的观点，然后从中引出领导想说的观点，这就比较容易被下属接受，同时整个演讲流程也会变得更加清晰。

一个企业的进步和领导思想的与时俱进密切相关。作为企业领导，在赋予下属责任的时候，不能总是以任务、工作为出发点，只知道给下属交代责任，而应该追求一种情感和思想上的认同，要更多地考虑自己应该怎样赋予下属责任。会议时的演讲，就是很好的一个方式。只有通过一次次耐心的引导，使下属明确了每次会议的流程，才能让下属逐步了解领导的思想和企业的发展方向。只有这样，才能收获意想不到的工作热情和工作信心。企业的发展也会更为蒸蒸日上。

### 画龙点睛

真正优秀的领导具备让自己的下属随时随地都能跟得上自己的能力。这种能力的培养，一定要从你的演讲、你的耐心、你孜孜不倦的引导入手。只有不断地进行这样的磨合，下属才能在每一次会议中，更加快速地了解演讲的流程、你所要表达的思想，以及更快地找准自己的定位。

## 循序渐进，刺激听众主动发现演讲要点

人与人之间沟通的最终目的，就是要让对方接受你的某种观点。企业里的上下级沟通也是如此。如果在上下级沟通中，能够形成某种思想，进而传播出去，让大家追随你的意图做事就更好了。其实说白了，领导所要做的，就是要说服人、影响人。要实现这个目的，就一定要有真功夫。对领导而言，在会议的时候，能够刺激听众主动关注自己所讲的内容，远远要比自己在会议中拼命地讲要强得多。

让听众主动发现演讲的要点，需要领导学会“攻心术”。在这里，“攻心术”并不是指勾心斗角，明争暗斗，而是从比较积极的角度，

从听众的心理出发研究出最有效的方法，从而打动听众，说服听众，让听众不仅心服口服，而且能让听众从自身出发，主动寻找与自身利益的切合点。换句话说，就是要引起听众的共鸣，让听众主动地去寻找演讲要点。

想循序渐进，刺激听众主动发现演讲要点，就要从思想深处征服听众，让自己所讲的，成为听众最关注的。领导用什么样的方式才能唤起下属的共鸣，刺激他们主动发现演讲要点呢？

第一，用趋同法刺激下属。可以从领导和下属之间类似的经历、愿望、爱好、信仰、理想等入手，去寻找与下属的共同语言，缩短与下属的心灵距离，唤起下属的心理共鸣，从而促使下属主动发现演讲的要点。

第二，用求异法刺激下属。追求新奇，是所有听众的正常心理。领导可以利用下属的这一心理，给下属以新鲜有趣的刺激，吊足下属的胃口，调动下属的逆向思维，在质疑、解疑的过程中，使下属更为主动地聆听演讲，寻找演讲的要点所在。

曾有个演讲者就是用这种方法来引导听众的。演讲者问：“有人问人从哪里开始变老？”大脑、大腿、肚皮……回答五花八门。演讲者一一将其否认后说道：“人从屁股老起。”全场大笑。演讲者接着解释：“某些领导者不深入实际，整天开会，坐着开展工作，屁股自然受的苦最多，既要忍受体重的折磨，又要忍受椅子的摩擦，太劳累了。如此下来，岂不是屁股先老吗？”

这段演讲中，就运用了求异法，借助提问的方式制造了一个悬念给听众，调动了大家的积极性。

第三，用对比法刺激下属。如果把人或者事物放在一起对比，就能更为清晰地展示出各自的特征，引起人们的重视，领导可以利用这种方法，在演讲时唤起下属的心理共鸣，这样不仅可以突出自己所讲的主题，更能引起下属对主题的高度重视，从而达到建设性互动的目的。

第四，用想象法刺激下属。在演讲的过程中，运用想象来激发下属的心理共鸣，也能够引起下属对演讲主题的足够关注。人的一切行为都离不开想象，通过领导绘声绘色的描述和形象生动的比喻，可以让下属心驰神往，深受感染。

第五，用情感法刺激下属。领导的演讲，如果只是一板一眼，严肃以对，相信下属在下面很快就会打哈欠。只有真情实感的演讲，才能感动听众，引起下属足够的重视，让下属主动寻求演讲的要点。

第六，用反问法刺激下属。领导在演讲中，可以适当地运用一些反问句，来刺激下属的思考。这个时候的反问句并不一定需要下属去回答，而是一种建设性的沟通手段，用反问的方式来表达自己的情感，引起下属的共鸣，从而增强自己演讲的鼓动性和感染力。

当领导用一个有趣的开场，成功地吸引到下属的注意力之后，就要进入演讲的主体部分了。演讲的主体是提供知识、提供新的信息，或者是下属已经知道的，但是需要反复强化的信息。在这个过程中，作为领导的你，要说出自己的见解，刺激你的下属去主动地发现，而不是进行强制性的信息灌输。这不仅需要领导的智慧，更需要领导的耐心。如果会议之初就抛出一个很高的目标给下属，相信一定会把下属“砸”得晕头转向，从而产生畏惧的心理。相反，如果用循序渐进的方法，一步步地引导，一个目标一个目标地去做展示，反而会引发下属的思考。当你的下属终于弄明白一直困扰他们的问题时，他们会觉得，原来这样也是可以的。

### 画龙点睛

有人说，讲话者站在台上就是商人，你要做的就是出售你的信息，而你的信息就是你的商品。作为领导更是如此。领导的讲话，或许能暂时吸引你的下属，但要想长久保持这种状态却非常不易。如果领导在演讲的过程中，采取循序渐进的方法，同时综合运用多种手法，对下属进行多角度、多层次、多方法的心理激发，这样就能真正地打动下属，让下属主动地去听，主动地去探索和发现。

## 演讲时要抓住听众，使其听进去

古人说过：“知己知彼，百战不殆。”在企业中尤其如此，领导要想说服自己的下属，就必须先了解下属，把握他们的心理活动规律。领导要在讲话之前摸清楚他们目前的心理状态是什么，心理需求是什么，有困惑的地方在哪里。只有了解了下属的心理特点，才能在会议演讲的时候抓住要害，说到下属的心里，使其产生心理震撼。如此，下属才会听得下去、听得进去。

领导要怎样做，才能在演讲时抓住下属的心，使其听得进去呢？

第一，多说一些容易引发下属思考的问题。如果只是在台上滔滔不绝，那么只能说你是一个会说话的领导，并不能说你是一个善于说话的领导。只有想方设法让下属跟着自己一起思考、一起沟通、一起讨论，才能使下属持久地关注会议的主题。如果只是自说自话，下属就会始终处于“犯懒”的状态，演讲的成效就不容易显现。作为领导，必须善于调动下属思考的积极性，可以将不断提问、一语双关、旁敲侧击等方法运用到演讲中去。古希腊哲学家苏格拉底是世界公认的口才大师，他善于通过巧妙的设计、引导性的问题，引发听众的思考。他每一次的演讲智慧，并不和其他演讲家一样，不是体现在阐述道理上，而主要体现在自己的提问上，他总是从各个角度，提出各种奇怪的问题，引发别人去想象，据说，只要是参与对话的人，都会被他吸引，陷入持续的思考中。

第二，多讲一些容易让下属得到满足的问题。领导开会时，一般都是在布置工作、阐述观点、总结和计划。这些内容在一定程度上是枯燥乏味的，下属不一定都感兴趣。如果想让下属听得进去，就要采取一定的方法，让他们接受你的谈话内容。在这之前，可以采取鼓励、夸奖等方法来调动员工的积极性。谁都愿意听好听的话，谁都不愿意为了自己不感兴趣的话题浪费太多的时间。因此，只要让下属心里高兴，他们就会觉得这次的会议与自身有关，自然就能听得进去。

比如，一篇演讲是这么说的："我们不能忘记，按照国家政策和方针，我们承担着具体施工任务，身处第一线的领导班子和建设者，凭借着对中国特色社会主义道路的坚定信念，对事业的满腔热忱和忠诚，用自己的智慧和勤劳的汗水，为团结人民不懈奋斗，做出了卓越贡献，你们推动了深圳新时期的发展，是大家学习的榜样！"这样的演讲，通过对听众的肯定，让听众得到了满足，那么接下来的演讲，听众就自然听得进去了。

第三，多讲一些大家都非常关心的问题。领导在讲话时，可以根据大家的心理需求，多讲一些大家最关心，最想寻求正确答案的问题。有时候在企业里，会出现一些小道消息，比如要裁员了，资金链出问题了，某部门将会聘请"空降兵"担任负责人……这些未经证实的消息，恰恰是员工最为关注的，也是和自身利益切实相关的。领导可以适当地抓住这一点，在会议的时候，直接或者间接地给出部分答案，这样就能引导下属积极思考，那么演讲的内容自然也就被他们听进去了。

几年前的春节，曾经有位市长就是这样对大家说的："大家辛苦了一年，过年这段时间就好好歇歇。不要想着串门、给领导拜年，这样不仅自己累，领导也不轻松。既然是过年，那么大家就在家里好好表现一下，至于领导，发个信息，打个电话就足够了。"

这样的演讲因为紧贴大家关心的话题，所以反响会比较好。

用什么吸引下属？用什么打动下属？用什么引导下属？用什么激励下属？这些，都是一名领导在每次演讲之前需要考虑的问题。

### 画龙点睛

成功的演讲，是有说服力的演讲，是能时时刻刻抓住听众的演讲。在演讲的过程中，要想一直吸引听众，本身就不容易，因为听众的注意力是在随时发生变化的。因此，作为领导，在讲话中，一定要记得：好的演讲，是能洞悉下属的情感和心理变化，是能紧密联系自己的演讲和下属的切身利益的，只有抓住下属的心理，领导的讲话才会深入人心。

## 强化重点，加深印象

演讲，特别是领导在讲话的时候，不一定要语言多么优美、词藻多么华丽，而是要强化自己讲话的重点，加深别人的印象。

有些领导在和下属开会的时候，总是长篇大论、洋洋洒洒，再看看会议结束之后的情况：领导满面笑容，下属满腹狐疑。试想，这样的会议又有什么意义呢？因此，领导在讲话的时候一定不要以讲得多为最终追求的目标，而是要把自己想要表达的，想要说清楚、说明白的都加以强化，让别人能够听清楚、听明白。

要想使自己的讲话能够让下属加深印象，打动下属的心，除了情感、语气、结构的表述方式外，还要用一些具有说服力的、较为可靠的方式加以补充。在演讲的重点部分，加入事例、数字、问题、类比等方式，便能吸引下属积极参与，从而加深下属的印象。

第一，加入事例。在领导讲话时，一定要善于选择有代表性的事例来佐证自己讲话的重点，这样不仅能够为自己的观点加分，还可以让下属感受到你的陈述是客观的。如果没有一些事例作为支撑，讲话就显得平淡无味，缺少信任度。但是要注意的是，不要长篇大论地讲故事，这样也会让下属厌烦。

第二，加入数字。很多领导在开会的时候都会用数字补充自己的主要内容。数据排列具有非常惊人的强调作用，作为领导，一定要善于对具体的统计数据进行分析和论证。数字简洁、直观、对比性强，在很多会议上都是可以用到的。对于有些过大的数字而言，一定要加以解释。例如，当解释国家的财政赤字是多少时，如果讲多少亿，可能大家都没有什么概念。但是如果把这一大笔钱分成一百元的钞票，并向大家解释堆积起来有多高时，这个概念就很容易形象化了。

第三，加入类比。所谓的类比，就是把相似的部分拿出来做比较，分析它的相似点和紧密之处。运用类比的方式强化重点，不仅能够让自己的讲话变得更加生动形象，有时候还能延伸出幽默的感觉，给人留下深刻的印象。

一次讨论会上，一位著名的演讲家没有讲一句开场白，只是手里拿了一张 20 美元的钞票，然后告诉台下的 200 多人，要把这些钱送给他们其中的一位。很多人举起了手。紧接着，他把钱揉成一团，问谁想要，仍有一部分人举手；演讲家把钞票放在地上踩了几脚之后，拿起那张脏兮兮皱巴巴的钞票，问还有没有人想要。

还是有人举手。演讲家说：“朋友们，你们已经上了一堂很有意义的课，无论我们怎么糟蹋这张钞票，它都没有贬值，这恰恰说明了人无论遇到什么事情，将要发生什么事情，也永远都会有自己的价值。”

在这场名为《价值观》的演讲中，演讲家就是运用了类比的方法，强化演讲的重点，从而让自己的演讲变得生动形象。

第四，加入反比。反比，就是通过正反两种情况，以及情况变化的对比，从而找到问题的症结所在。在会议期间，运用这样的方式强化重点，可以使得下属加深对道理的理解。同时，很多不方便正面解释的问题，也可以从反面来进行阐述。

第五，加入典故。领导讲话时，如果能引入上级的文件、上级讲话的重要观点来作为本次讲话重点的补充，一定可以增强自己讲话的深刻性，让下属听得明白。

第六，加入个人经历。加入个人经历是最具亲和力的一种演讲方式。“我昨天碰到……”“我看到……”这样的讲话方式，不仅能显示出亲和力，说服力也必然会加倍。

当然，为了证明某个想法、某个观点，并不是每次都要拿自身的经历进行补充说明。很多领导善于用个人的经历和下属建立比较和谐的关系，或者是利用个人经历验证某种自己的观点，效果非常好。但是一定要注意，加入的个人经历一定是下属感兴趣的事，这样才能让下属加深印象，并对他们产生影响。

### 画龙点睛

一场演讲效果的好坏，不仅仅取决于叙述的内容、演讲者的热情，更重要的是内容的重点。想要强化重点，就需要领导有高度的概括能力，能够及时概括内容的主要部分，通过在演讲时的反复提及，从而加深下属对演讲重点的关注度与对重点内容的印象，以达到让领导的观点更深入人心的效果。

## 完美收尾，让听众记住你的演讲

评价一次演讲的好坏，除了看内容能否吸引下属，是否具有幽默、机智、自信等特点外，还要看领导在演讲结尾的表现是否够出彩。我们常说“编筐织篓，重在收口”，说的就是这个道理。结尾，是演讲的重要组成部分，精彩的结束语耐人寻味，能够促进人的思考，给听众留下难以忘怀的印象。

作为领导，在会议的结尾部分一定要努力调动一切积极因素，把下属的积极性和创造性完全激发出来，这样就能使下属情绪激昂，干劲十足。作为领导，如何在演讲的结尾达到这样强烈的效果呢？

第一，总结自己所讲的重点。领导在演讲的过程中，有时候可能说的内容比较多，涉及的范围比较广，下属也许无法从会议中一下就抓住你演讲的重点。因此，领导在演讲结束的时候，可以用一些比较积极、精练的语言，总结一下自己在演讲的过程中想要表达的中心思想和想要阐述的观点，这样就可以起到强化重点、突出主题、首尾呼应的作用，下属自然就会对你的演讲印象深刻了。

第二，真诚而简洁地鼓励和赞扬。俗话说得好："良言一句三冬暖，恶语伤人六月寒。"在会议即将结束时，你是选择强调给下属布置的任务，严格要求指标，还是给下属一些真诚的鼓励呢？现实生活中，大多数领导都忽略了鼓励和赞扬的作用。如果领导能够在会议即将结束的时候，给下属献上自己最真挚的感谢、鼓励和赞扬，就会在无形之中传递给下属情感和力量，这就会更加容易引起下属的共鸣，下属自然会对这次会议记忆犹新。

美国社会学家查理斯·史兹韦伯参加了纽约宾州协会，在会议演讲的结束部分，他是这么说的："宾州，不仅仅是美国的商业中心，而且是美国的第三大农业州，它不仅拥有世界上最大的铁路公司，而且是美国经济的领导者。宾州会率先迎来新时代，它拥有更多的机遇，前途无量。"

这段结束语真诚简洁，对前途充满信心和希望，听众也会因此感到愉快。

第三，请求大家立刻有所行动。在演讲结尾的阶段，领导千万不要一语带过，而是要想方设法制造出最激烈的效果。如果能用充满激情、热情奔放、扣人心弦的语言来表达自己的想法，用高昂的语调、饱满丰富的说服性语言、形象的手势让下属认同你所陈述的观点，就更容易把这份热情传递给下属，赢得下属在情感上的共鸣。这个时候，如果向下属提出任务、指明目标、表达希望、发出号召，就更容易让下属受到鼓舞，下属的执行力也会大大提高。

第四，用一些问题引发下属的思考。在会议即将结束的时候，领导可以向下属提出几个问题，让下属在会后进行思考。这样的结尾方式，不仅可以让下属也真正地参与到这次的会议中来，更可以让下属通过思考，来认识自己、帮助自己，更快地找准自己在企业中的定位。

第五，引用诗词、名人名言的结尾方式。领导在会议的结尾部分，如果用上一些名人名言、诗词歌赋，不仅可以对自己所提出的思想和主张提供有力的证明，而且还具有一定的文学色彩。这样的结尾方式，让下属感受到领导的才华，钦佩领导的演讲能力的同时，还能令下属在对演讲主题的联系和印证中得到更多的启发。

第六，幽默含蓄的结尾方式。并不直观地表示出自己的想法，但是富有趣味性、能发人深省。听到这样的演讲结尾，下属的心态自然会轻松，在轻松的状态下，下属就更愿意去领悟领导结尾的语言，以及语言背后的深刻含义。幽默含蓄的结尾有很多的方式体现：可以是个振奋人心的宣誓，也可以是个诙谐幽默的故事，还可以是一个希望得到回应的号召，甚至是通过强化对下属的冲击来突出主题。

有位教授在做演讲的时候，发现自己的学生在课堂上有些紧张，因此，选择了一种与众不同的结束方式：“我希望我们下一节课的时候，老师可以看到你们已经丢掉了紧张，变得轻松自然。”

这样积极有力、让人印象深刻的结束方式，就比直截了当的激励更容易让听众兴奋。

因此，一个好的演讲，不仅仅是要得到听众的欢呼声和鼓掌声，更是要给予听众，可以让听众感受到什么。可以说，一场让下属笑容满面的会议，一定是成功的，一定是发人深省的，一定是具有建设性的。同时，这样的演讲也是对领导的一种肯定，对企业的发展也具有很强的推动力。

## 画龙点睛

演讲中，领导需要做的最大决定就是如何开始、如何结束。在演讲即将结束的时候，领导可以用极其精练的语言，概括自己所讲的主要内容，强化主体思想。完美的结尾，不仅可以给下属起到提醒、强调的作用，还能给下属留下完整的总体印象，并且在整个演讲中，起到“画龙点睛”的作用。

# 第三章

# 修饰语言：做一场漂亮的演讲

语言的修饰方式有很多：排比、比喻、韵律使用……这些，都是有效地运用语言表达思想情感的修辞手法。可以让语言表达更加生动、准确、有力、鲜明，演讲家也喜欢在演讲的过程中运用大量的修饰手段，增强演讲的感染力，使得听众的情绪受到感染并得到升华，这样就能产生强烈的号召力。领导在进行演讲的过程中，要注意修饰自己的语言，让自己的语言变得雄辩。

## 运用修辞佐证你的观点

著名哲学家叔本华说："抽象的概念不适合放在谈话之中，在你的句子里，应该充满动物、石头、男人、女人、桌子、金属等具体的东西。"这句话旨在告诫人们要用形象具体、耳熟能详的东西进行比喻，来表达自己内心的意思，也就是我们常说的修辞。在演讲中，修辞就是一种很有力的表达方式。

修辞的种类有很多，引用、比喻、对比、反复、排比等都是常见的修辞手法。这些不同的修辞手法作用也不一样。比如，引用和比喻可以辅助听众理解你的观点，让你的演讲更具趣味性；夸张、反复和排比则能够突出重点；对比会让你的观点更加有说服力。

作为领导，所进行的每一次演讲说到底其实就是一次与下属之间的对话。想让自己的演讲收到理想的效果，就要学会利用各种修辞手法来完善自己的讲稿。这样才能让我们的演讲更加生动，更有力量，也更能打动听众。

以下是演讲过程中常用的几种修辞手法。

第一种是引用，这是演讲中最为常见的修辞手法。比如，我们在演讲开始的时候常会用一句名人名言，或者某个著名的故事，这都是一种引用。引用这种修辞手法会为演讲带来不错的效果。

第二种常见的修辞手法是反复。反复这种修辞手法，就是以相同的节奏重复同一个意思。这样做的好处是，不仅能起到强调作用，而且能够吸引听众的注意力。

第三种是排比。排比是将两个或两个以上的相同句式罗列在一起，但每个句子表达的意思都不相同。可以使演讲具有感染力。

第四种是反问。反问用得好，也是一种极其能证明个人观点的修辞手法。我们应该都有这样的感受：相同的句子，如果用不同感觉的语气说出来，可能就会让听众感受到不同的内容。

比如说，一位领导阐述某个观点，完结的时候，他说："难道不是吗？"虽然表面上是一个问句，但并不需要下属做出回答，通过这种语气他加强了自己的观点，也抓住了下属的注意力。

需要注意的是，通常这种修辞都会用在过渡部分或是结论部分。假如你想说服下属，不妨在例证后加上一句反问，这样比正面阐述要有力得多。

## 画龙点睛

为了增强表达效果，使得演讲的语言更加生动形象，更富有感召力和表现力，熟练使用多种修辞手法是必不可少的。领导者在和下属沟通的过程中，可以重述观点，引用名言、成语典故，或者在一些具体的数据或事例中加入排比、反复、反问等修辞手法，这样不仅可以增强讲话的分量，还能增强讲话的效果。

## 使用韵律是主要策略

著名作家歌德说："韵律有一种魔力，它甚至会使我们相信我们怀有最崇高的感情。"这句话告诉人们韵律优美的讲话会更好地传递信息。领导进行演讲的目的，就是快速建立起下属的好感，这就要求领导在语言实用性的基础上，也不能忽略艺术性。

艺术性的讲话是一种以讲为主，以演为辅的语言表达方式，所以要特别讲究语言艺术。要注重韵律，引人入胜，要求吐字清楚、准确，语气和语调都要富于节奏美和韵律美，从而使得语言能够更加准确地表达情感，富于感染力和鼓舞性，这样才能吸引下属主动参与。

使用韵律主要体现在两个方面，一个是语音方面，一个是节奏方面。

第一，语音。领导演讲的价值，在于以连续性的声音传递给下属信息。在讲话时，语言要朗朗上口，声音要铿锵有力，更要讲究语言的音韵和乐感，这样才能体现出演讲的完整性和旋律美。演讲的时候，为了加强自己表达的效果，在句末适当地选用同义词中最合韵的字眼，使得语音跌宕回环，同韵相应。对领导来说，语言朗朗上口，而对下属来说，则好听好记。语言的和谐统一，能够更好地传达领导所要传递的信息和情感。

一位教授在《改造我们的学习》的演讲中如此说道：“这两种人都凭主观，忽视客观实际事物的存在。或做讲演，则甲乙丙丁、一二三四的一大串；或作文章，则夸夸其谈的一大篇。无实事求是之意，有哗众取宠之心。华而不实，脆而不坚。”这样的演讲给人一种悦耳之感，整个演讲朗朗上口，非常吸引听众。

第二，节奏。节奏是一种自然的需要，领导在进行口头传播的讲话过程中，需要浓郁的艺术色彩和美的感召力。这就要求有优美的旋律和适当的节奏作为支撑，节奏指在演讲的过程中要有秩序上的变化，这种变化可以体现在领导声调的高低、语速的快慢上，领导在讲话时，要根据自己思想情感表达的需要恰当地处理节奏，使得声音的高低快慢相互辉映，这样才能体现出领导讲话的重要性。

作家冯艺曾经做过一场演讲《我们正年轻》：“索取不属于我们，我们只有付出。我们的心声呀，就是在我们开始自由呼吸的时候流出的，流出积蓄已久的真挚的爱，流出绿绿的幼稚，流出皎皎的天真，流出殷殷的血红，我们一定能养育起那森林、那牛羊、那鲜花……”

这篇演讲就是通过有旋律的语言、深厚的情感、铿锵有力的语音，表现了事物之间的因果关系，取得了很好的演讲效果。

一个优秀的领导，应该具有较强的语言驾驭能力和逻辑思维能力。在讲话的过程中，能够随着自己的主题体现出有张有弛，起伏有致的变化。因此，作为一个优秀的领导，一定要在演讲的时候使用韵律，要注意节奏的变化、声音的高低、语速的快慢，并把这些和自己的演讲情感密切结合起来。当下属热情高涨的时候，要如同狂风暴雨，鼓舞士气；当下属情绪低落的时候，要字字千钧，发人深省；当下属情感平静的时候，又要声音适中，使其受到感染。在演讲的时候，领导如果能运用优美的旋律、和谐的节奏，加上一段漂亮的演讲词，就能很好地表达自己的情感和思想，引起下属的共鸣，从而让思想和行动能够快速地结合起来，成为有机的统一体。

### 画龙点睛

作为出色的演讲者，想要锤炼表达，首先就要了解语言的特点，提高自身的素质，注重积累知识来提高语言表达能力。没有出色的语言表达和沟通能力，就不可能进行出色的管理。要想构建起个人的语言魅力，就一定要学会卓有成效的管理沟通的方法和技巧；要想让自己拥有出口成章的表达与演讲艺术，就一定要注意语言的修饰。

## 比喻让演讲更生动

成功的演讲除了内容富有时代气息，有针对性之外，还必须具有充沛的感情、强烈的说服力和感染力。如何才能让自己的演讲更富有激情、更具有感染力和说服力呢？最好的途径就是运用比喻。比喻是一个人表达能力的延伸，也是领导提升演讲效果的有力武器。如果能够在演讲的时候，巧妙地加入比喻的修辞手法，就能让你的语言变得生动有趣，绚烂多彩。

第一，运用比喻可以让道理变得更加浅显易懂。比喻可以使深奥的道理变得表述自然，语言直白，浅显易懂。“金融”是经济学里非常难解释的一个词，很多人都难以理解其含义。

光华大学的一位教授就曾运用比喻的手法，巧妙地使得同学们很快理解了金融的含义。他是这么比喻的：“‘金’是一种坚硬而固定的物质，‘融’是融化流通的意思，金何以能融？是信用之火的燃烧。但是有的时候烧得太猛了，融化了的金子沸腾洋溢，反而浇灭了信用之火，跟着融化的金也就冷却而冻结了，这就是信用过度膨胀，形成了恐慌的现象。就是所谓资产的冻结。”

这位教授就是运用比喻的手法，把“金融”二字拆开，解释了其中两个语素的含义，然后巧妙运用隐喻，揭示其内在含义，使得深奥的理论变得浅显易懂。领导在演讲时也要如此，多用比喻，不仅通俗易懂，还更容易被下属接受。

第二，运用比喻可以彰显演讲的形象性。领导运用比喻的方法做演讲，可以使得比较抽象的事物变得更加具体，如同一幅生动形象的图画。

第三，运用比喻可以让演讲更具创新性。让平凡的事情变得耳目一新。

新东方教育集团的俞敏洪先生就曾经发表过这样精彩的点评："我们每个人都有自己的成长空间，我们人的生活方式有两种，一种是像草一样活着，每年都在生长，但是永远长不大，人们会踩过你，但是不会因为你的痛苦而痛苦；一种是像树一样活着，即便你现在什么都不是，但只要有树的种子，即便被人踩到泥土中间，也能吸收泥土的养分，总有一天，会长成参天大树。"

俞敏洪先生就是运用比喻的方法，说明了两种人的生活态度。把草和树作为喻体，蕴含深刻的人生意义，让演讲更具创新性。领导在演讲的时候，也要善于运用敏捷的思维，深刻的思想认识，用比喻把无形化为有形，更利于下属理解。

第四，运用比喻可以让演讲更加风趣。运用比喻，可以让比较严肃的会场气氛变得轻松，不仅能拉近领导和下属之间的关系，而且还能增加演讲的幽默风趣性。领导一定要学会在演讲中使用比喻。只有在演讲中展示出形象性、通俗性、创新性和风趣性，才能使得演讲更具新意，更加充满生机和活力。

由此可见，比喻已经成了一种非常具有感染力和表现力的修辞手法。领导在演讲的时候，善用比喻，可以更加形象地描述客观事物，表达自己的看法和观点，同时，可以帮助下属拓展想象能力，使得演讲变得富有新意，且通俗易懂。这样下属就会觉得有新意，就会喜欢听。下属配合了，演讲自然就能更容易达到理想的效果。

### 画龙点睛

作家秦牧说：“美丽的比喻简直是一朵朵色彩瑰丽的花，照耀着文学；它又像是童话中的魔棒，碰到哪儿，哪儿就会产生奇特的变化；它也像是一种什么化学剂，把它投入浊水里面，顷刻之间，一切杂质都沉淀了，水也澄清了。”领导在演讲过程中，经常会涉及一些名词、定义、抽象的道理，如果能运用恰当的比喻，把下属听起来比较陌生的词汇变得形象化、简单化，就会产生较强的感染力和说服力。

## 巧用排比，让演讲更具感召力

演讲中的修辞手段，除了常用的比喻、对比以外，还有排比。排比用得好，可以加深语言的力度，让情感表达得更强烈，语言表达得更生动，同时还能在记人叙事、抒情说理等方面显示出非凡的气势，激发下属的想象力和领悟能力。

第一，运用排比描述人物，显得更加鲜明生动，给人留下深刻的印象。

一位领导在演讲的时候，针对当前干部意志力薄弱的现象进行了一番描述：“他们之中，有的人肩膀软，给了重担也挑不起来；有的人耳朵软，听到了风就是雨；有的人嘴软，该说的也不敢说；还有的人脚软，该去调查的，也不敢去调查……”

这一段演讲形象地描述了干部身上的普遍毛病，并以一种最直观的形象展现在下属面前，几个排比句，相互映衬，又独立成章，突出了每一个人的特性，同时他们又相互连接，揭示了演讲的主题，给下属敲响警钟的同时令他们印象深刻。

第二，运用排比叙述事物，显得更加直观具体，给人以生动的感觉。

一段《让我们拥有天真》的演讲是这么运用排比的："笑，则舒畅地笑，不是'鲜花中隐匿着毒蛇'，不是'顾左右而言他'；哭，则尽情地哭，不是硬挤出来的'鳄鱼的眼泪'；喊，则痛快地喊，不是'犹抱琵琶半遮面'；做，则勇敢地做，不是'足将进而趑趄'。不因顾忌那些难以猜测的目光而封闭心灵，不需考虑被人抓住小辫子而噤若寒蝉；不必担心蜚短流长而装模作样。要相信只要人人都存有一些天真，友谊终会酿成醇酒，鲜花定将组成桂冠，冰雪必然孕育春风。"

在这里，演讲者运用了一组排比句，从多个角度、多个侧面，具体形象地描述了"天真"的内在含义，让听众仿佛进入了一个纯洁、天真的世界，让人感受到了轻松、自然、活泼的美感。

第三，运用排比抒发情感，可让演讲热情奔放，给人以真挚的情感。

有人针对审计工作者做演讲，说了这样的话："我喜欢审计工作'事事从宏观出发，国家当先'的胸怀；我喜欢审计职业'刚正不阿，不惧权势'的个性；我敬佩审计人员'两袖清风，一身正气'

的品格……”

这段话体现出作者对审计工作的赞美，结构匀称、感人肺腑，听众听到了这样的演讲，仿佛可以感受到审计工作者宽广的胸怀，刚正不阿的性格，演讲本身充满真挚的情感。

第四，运用排比论证道理，可让阐述更加透彻，给人留下难忘的记忆。

有人做了一场《坚持真理讲真话》的演讲，在演讲中他用了排比的方法说出了讲真话的重要性：“只有讲真话，才能分辨是非；只有讲真话，才能看清问题；只有讲真话；才能增强信心；也只有讲真话，我们的国家才有希望，我们的民族才能走上繁荣昌盛的道路。”

几个排比句，从多方面进行了分析和肯定，用语重心长的方式，讲出了讲真话的重要性，令听众记忆犹新。

领导在演讲的过程中，如果能够多运用排比，就可以让自己的演讲更好地展现出巨大的信息量与鲜明的主题，同时也能激发下属的情绪，给人振奋的力量。

## 画龙点睛

排比的方法，结构整齐，声韵和谐，读起来朗朗上口，拥有一种韵律美、结构美和旋律美。领导在演讲的过程中，如果能够多用一些排比的句式，就可以让自己的演讲强烈地吸引下属的注意，给人精神上的愉悦和满足，让演讲更具感召力。

## 有力的词汇和有力的短语

中国有句古话："一言可以兴邦，一言可以亡国。"也就是说，一句话有可能造就一个世界，一句话也可以毁灭一个国家。我们在平时生活中可能也注意到，有些人说话非常有趣，你会非常愿意和他接触，而有些人说话就非常枯燥，反反复复地说一句话，没有新意，甚至有时候还会给人留下非常不好的印象。

领导演讲也是如此，有的领导思路清晰、词汇丰富、语句有力，会让下属觉得"听君一席话，胜读十年书""余音绕梁，三日不绝"；而有的领导词汇量少、语言无趣，就会被下属当成是耳旁风。因此，领导一定要学会运用演讲的词汇，善于运用演讲的词汇。

第一，领导平时要多准备一些对偶词，在演讲中多运用对偶的手法。对偶分为正对、反对和串对。正对就是从两个角度或正面与侧面，说明同一件事情或道理，表示相似的关系，如雪上加霜—火上浇油，望梅止渴—画饼充饥等；反对就是表示对立的关系，借助对立，突出事物本质，如堂堂正正—偷偷摸摸，技压群雄—功亏一篑等；串对就是事物发展过程或因果、条件、假设方面有所关联，如守株待兔—临渊羡鱼，树大根深—枝繁叶茂等。

第二，领导在演讲时，可以换一些名词，把概念变得更生动一些。当领导讲到某人或者某事的时候，可以不直接说出这个人名或者这件事，而是用与之有密切关系的事物来代替。

比如，领导要介绍别人的时候，可以说："接下来，为各位介绍的是一位可以让大家听完他的演讲都会感到如沐春风的中国式管理专家——××× 教授。"当你这样说的时候，就往往会比"现在要介绍的是 ××× 教授……"效果好上很多。

但是在演讲的时候要注意，如果不懂一些词语是什么意思，就千万不要乱用。领导在演讲之前，要提前做一些准备，把自己懂的范围内的东西讲好就可以了。

第三，夸张的词汇和短语可以用，但是要合理适当。有时候，领导在讲话的时候运用一些夸张的词汇，可以给人留下深刻的印象。合理地使用夸张词汇和短语，更有利于揭示出事情的本质，让语言更具感染力，还可以启发下属的想象力和创造力。但是要注意的是，运用夸张的词汇和短语，一定要注意分寸，千万不要过度夸张。特别是有些比较严肃的场合，一定要按照事实如实去说。

第四，领导演讲的时候可以用一些语义双关词。语义双关的词汇，都具有特定的含义，有时候这句话、这个词的含义并不表现在这个词或这句话的字面上，而是隐含在这个词或者这句话的背后。说话人要表达的意思恰巧是隐含在这个词或者句子背后的含义，这样的演讲效果能发人深省，容易引发下属的关注。

第五，多运用一些对比的词汇。将两种不同的事物进行对比，常常是为了让自己使用得更好。对比的词汇，运用在领导讲话中，往往可以把一件事说得更透彻、更清晰、更全面，也可以在一定程度上启发下属的思路，吸引下属主动去发现演讲的要点。

学生小李在比赛中，演讲了一篇《真正的富人》。小李说："王永庆是一个非常吝啬的人，他从不计较衣服的新旧和款式，只要干净就行；家里的肥皂经常是只剩拿不住的一小块，还要放在大肥皂上接着用；一条毛巾用了20多年；从来没出去买过菜，只吃自己种的……有人说，王永庆骨子里是个穷人，看来也是有根据的。"接着，他话锋一转："可是，就是这样的一个穷人，对慈善事业却是出手阔绰，次次都是大手笔。二十多年来，他的捐款不计其数……"这个演讲，就是运用了正反对比的方法，巧妙表达了主题。

除了这些，领导讲话时，还可以讲究声韵，多用熟悉的语言和术语。运用有力的词汇和有利的短语，可以让自己的演讲更具丰富的内涵和精彩的形式，增强自己的表达效果，对下属会有很强的号召力。

## 画龙点睛

语言，不仅仅是想说什么就说什么，还要根据演讲者和听众的水平，用别人能够听得懂的话表达自己的观点。有些领导非常喜欢口语化的表达方式，经常会使用一些流行语来增强自己会议演讲的效果；有的领导善于总结和计划，经常使用精练的语言加以概括，帮助下属找到重点；有的领导很注重和下属的沟通，经常运用各种词汇调动下属的积极性……无论是什么样的领导，什么类型的演讲，如果想要达到好的效果，一定要学会利用有力的词汇和短语，并善于利用有力的词汇和短语。

## 不要过多使用被动句

作为领导，要经常出席各种各样的场合发表演讲。不管是总结致辞，还是主持会议，或者是动员报告、接受采访、商务谈判，在演讲的时候，都不能忽视的一个问题是一定不要过多使用被动句。

被动句式一般指主语和谓语之间的被动关系，主动语态表示主语是动作的执行者，被动语态表示主语是动作的承受者。而领导作为企业的决策者，如果运用被动句，就会让下属认为领导不自信，是在被动地做着某些事情，从而会让下属产生不安全感，不利于企业的发展。

其实，领导和下属之间沟通所用的主动句就是主动管理，而被动句就是被动管理。有一个例子可以很好地说明这个问题。

在公司和企业里，经常会有某个员工因为工作失误或者是其他原因，出现一些问题，于是，有的领导就会跑过来，对其大声叫嚷，指责员工。然后在领导劈头盖脸的指责下，问题解决了。但是解决之后，下一次员工又是以往的样子，好像之前的指责根本没有作用。

还有一种情况，就是当某个问题出现之后，领导会来到现场，不会吼叫，也不会指责，而是耐心地了解整个事件的过程，查看实际情况，然后领导会拍拍下属的肩膀，提醒他说下次要注意后就离开了，紧接着就是有解决类似事件的措施出台。

对比以上两种情况可以看出，领导在与下属沟通或演讲的时候，应该多使用主动句。

第一，主动句是有效演讲中最重要的一部分，可以强调动作的主体。主动可靠动词来表达，“他在工作”就比“他被看见在工作”表达更为直接。在演讲时，如果用主动句，就会突出演讲者是个主动的人。一句话中，主语在直接承受某件事情，比如“老板否定了小李的方案”；而被动句中主语则是在表示动作，某件事情发生在了主语所说的人身上。比如“小李的方案被老板否定了”。前者突出的是老板，后者突出了小李的方案。

第二，主动句会给领导以责任，被动句则会把这种责任夺走。如果用被动句讲到工作安排，就会用“在下班之前这些工作必须要做好”来表达，而这句话中，根本无法提及到底是谁去做这个工作。如果用主动语就完全不一样了，“下班之前你必须做好这项工作”，更清晰地找到了责任人“你”。当领导在演讲时用“我看见”“我相信”的语言来表述，就相当于直接承担了责任，会更容易给下属做出榜样。

第三，主动句可以让下属更直接了解你的观点。试想两个领导不高兴的场景：第一个场景是领导直接告知大家自己不高兴的地方在哪儿，用语言表达出自己的不高兴；第二个场景是领导很不高兴，但是他绕了半天别的话题，才慢慢转回到不高兴这件事情上来。两个场景，想必是第一个更容易让人清晰地理解。主动语和被动语就好比这两个场景，主动语态更容易让下属了解领导想说什么，想做什么。

使用主动句，代表着领导有主动承担责任的勇气，有善于运用语言来帮助自己和下属进行良好沟通的能力。在演讲中，只有拥有并善用这样的能力，才能更积极地改进工作，谋求企业发展。

## 画龙点睛

选择主动语态，而不是被动语态，是通往有效演讲很重要的一步。演讲中，如果经常使用被动句，会给下属一种责任感不强，演讲目的性不强的感觉。而使用主动句，则更容易直接地实现领导想要的目标，对于下属来说，也是最能直观了解领导要求和想法的方法。

# 第四章

# 打造形象：亮出大师级的舞台风范

每一个演讲者都有自己的形象和个性，简单地说，演讲者的形象就是演讲者的学识、个性、道德、思想、情操等组成的外在表现形式，是一个人演讲时的仪态、礼貌、言行举止的综合反映。演讲者一上场，首先映入听众眼帘的就是演讲者的形象。形象所反映出的视觉效果，是直接影响听众评价的重要外在因素。一个成功的演讲者站在演讲台上时，他的一举一动，都会展现出独特的个人魅力。这种魅力并非与生俱来的，事实上，它是通过自己后天的努力，逐步形成的一种完美的演讲风范。

## 穿着要得体

领导要追求自身领导力的提升，往往要依靠口才。但是要注意的是：只有口才，没有形象也是万万不能的。

一些领导会遇到这样的情况：刚刚走进会议室，下属就开始窃窃私语。有时还会在散会之后对着领导指指点点，让领导很尴尬。究其原因，原来是领导的穿着出现了问题。在一些场合里，如果穿着比较随便，下面的听众会认为：演讲者这么没有品位，演讲能力自然也就一般了。要想避免这种情况，就一定要让自己着装得体。那么，领导在演讲的时候，如何才能穿着得体呢？

第一，领导的穿着要和自己的体态协调。领导的穿着必须能够体现出领导的整体形象和美感。如果是体态比较瘦的领导，可以穿一些带横条纹的服装，让自己看起来威严一些；如果是体态比较胖的领导，可以在演讲的时候穿深色、宽松、轻软的服装，这样可以让自己看起来更精神一些；如果是肤色比较白皙的领导，穿深色、浅色的服装都可以让自己看起来神采奕奕；如果是皮肤比较黑的领导，最好穿浅色的衣服来提亮肤色；个子不高但是很瘦的领导适合穿一些有膨胀感颜色的衣服，比如褐色、浅黄等；女士可以穿直筒型的裤子盖住你的高跟鞋；可以穿一些细条纹或者方格的衣服，这样的色调和花形的衣服有助于掩盖自身的缺点，让仪表看起来更舒服；有的领导年纪大了，有些驼背，就可以穿一些大领子的衣服起到遮掩作用；臀部外翘的女士不要穿紧身裤，喇叭裤更合适；臀部过小者要穿宽松的裤子和裙子等。

第二，领导的穿着要和自己讲话的主题搭配得宜。领导要根据自己演讲的主题，来确定自己穿着的服装。一般来说，领导进行演讲时所穿的服装要符合三项标准，就是必须要有领子、有袖子、有扣子，并以此为前提让自己的服装和演讲的主题相协调。一般来说，正装一般都是有领、有袖子的，无领的衣服，比如运动衣、T 恤，或者是没有袖子的背心等，都不适合在演讲时穿着。男士的正装中，有领衬衣比较适合演讲。演讲的时候，最好选择带有纽扣的服装，这样的服装看起来比较正式一些，而一些带有拉链或者是夹克类的服装，都不适合演讲的场合。

当演讲的主题比较严肃、比较庄重的时候，最好穿上深色的服装；如果是轻松自然的演讲主题，可以穿着浅色的服装，给人以舒服的感觉；如果是喜庆、欢快的场合，红色、黄色的衣服会让人感到愉快。不同的色彩能带给人们不同的联想，产生的心理感受也不相同。在现实生活中，衣服的颜色一般是由自己的性格、经济基础、气质、爱好所决定的，不需要刻意规定和要求，但是如果要参加演讲，就一定要考虑演讲内容、演讲环境、演讲主题等各种因素来进行选择和搭配。

演讲的时候，搭配一定不要太过单调，可以尽量让自己在某一种色调上有所变化，配色要遵从“不超过三个颜色”的规律，一般的搭配规律是：颜色相近，但是深浅不同的颜色组合，这是一种比较安全，也最常用的服装搭配方法；另外一种规律就是把两种颜色用来衬托一种颜色，这样能相映成趣。此外，服装的颜色搭配还要考虑演讲的场地，是否带有有颜色的灯光等，因为在有色灯光下，几乎所有的颜色都会加深或变色，这点一定要注意。

第三，领导的穿着要和下属相协调。领导演讲时所穿的服装一定要和下属的装束相协调，这样才能让现场的气氛变得和谐自然。如果领导的衣服过于华丽，就会在一定程度上分散下属的注意力，有时候还会引起别人的议论，演讲气氛会遭到破坏，同时还会让下属认为你是一个十分爱面子的领导。如果你的演讲内容很精彩，能够吸引下属，就没什么问题；但是如果你的演讲内容很一般，那么也许会议之后，就会引起下属的议论，觉得作为领导的你，讲得不行，穿得却很漂亮！

有的领导可能会想，为了避免穿着不得体，干脆就选择最自然、简单的装扮。这当然也不是不可以，但如果是在比较正式的场合，穿着简单的服装会让下属误认为你对他们不够尊重，同时也容易让下属对你产生轻视。

第四，领导的穿着必须与自己在企业中所处的身份相得益彰。服装对人体有美化的作用，它不仅能够遮丑，还可以反映一个人的审美观、文化素质和精神风貌。作为领导，演讲时的穿着更应该庄重大方、整洁合身、色彩和谐、轻便协调。如果你的穿着很整洁、大方、美观，并能够展现出自己的高雅、成熟和风度，那么就是比较适合的着装方式。

同时，领导还要注意一点：服饰的选择上，要与自己的性别、年龄、职业等协调。中年的领导，在演讲时应该充分体现自己的庄重沉稳，不能让人感觉眼花缭乱；男性领导演讲时一定要庄重，不要随便和随意；女性领导演讲时，不要穿太过于暴露的衣服，否则会引起下属的议论，让下属对着装的兴趣大过对演讲内容的兴趣。

### 画龙点睛

演讲是一门艺术，有声的语言、得体的穿着、配套的饰品等搭配得当，才能让演讲者的魅力完全展现出来。因此，作为领导一定要注意：只有服饰得体，才能让自己成为一个随时能展现自己的优秀演讲者。

## 演讲时的着装原则

造型可以塑造个人形象，当领导以合适的造型、优雅的姿态出现在下属的面前时，这种行为本身就表现了对下属的尊重。此刻，虽然没有用语言来征服下属，但是从造型的第一印象中，就传递着一些无声的信息，无意中，就把上下级之间的距离缩短了很多。

得体的造型，不仅可以赢得下属的关注和尊重，会场的气氛也会因此而变得和谐自然。男性领导的造型以干净整齐为主，发型以短发为宜，可以给人干练、沉稳的印象；女性领导的造型也要整洁清爽，妆容要做到大方自然，这样就能给下属一种干净、清新的感觉。

有一位女演讲家到部队进行了三次演讲，她根据演讲主题内容的不同，分别选择了不同的服饰：当她讲“社会主义好”的时候，穿着一身黑色的西装，显得庄重严肃；当她讲“英雄的战斗事迹”的时候，穿着军装，看起来稳重肃穆；当她讲“理想和青春”的时候，又换了一身运动服饰，看起来非常有活力。

这种“以衣配合”的方式，大大增强了她演讲主题的说服力。

一个人的衣着，反映了他的精神风貌和文化素养，所以在演讲过程中起着极其重要的作用。

领导要根据自己的身材、脸形、肤色以及客观的环境来打造合适的造型。千万不要用太过个性化的造型，因为这样会让下属有一种失真的感觉，显得领导有些矫揉造作。除了这些，演讲者在穿着方面还应注意以下事项。

第一，演讲者的穿着要整洁大方，庄重朴素。演讲时候的穿衣风格，一定要高雅、稳健、干净、美观。此外还要根据自己的职业、年龄和性别等进行协调，从而充分体现自己的特点。在人们普遍的审美观里，常常把不修边幅和玩世不恭、随意邋遢联系在一起，如果穿成这样进行演讲，下属会觉得是对他们的不尊重。此外，一定要注意所选的服饰不要过于华丽，色彩过于丰富。穿着打扮太过了，反而会影响自己的气质。在演讲台上，任何一种特别的装饰物，都能吸引和转移下属的注意力，这对演讲是非常不利的，要知道，演讲的时候，主题就是演讲，任何服饰都是为了演讲成功所做的铺垫，千万不能喧宾夺主，影响演讲效果。

第二，着装要与配饰搭配得益。演讲时如果只选择服装，而忽略了配饰，可能会让你的演讲效果大打折扣。如果在配饰上也下一番功夫，相信一定会给人更好的视觉效果。男性领导在演讲的时候，不妨穿上深色的西装，搭配白色的衬衫，同时要选择和西服颜色类似的皮带，以及比西服颜色稍深的领带，皮鞋也要以深色为主。这样的搭配会给人一种专业，沉稳的感觉，不过要记得，男士领导如果参与演讲，最好不要佩戴项链或者是能反射光线的戒指；对于女性领导来说，可以选择长度在膝盖上 3～6 厘米的裙装搭配一双 3 厘米的高跟鞋，还可以系上一条典雅、大方的丝巾，这样可以显示出女性领导的大方与庄重。对于女性领导而言，不要选择过多的饰物来进行搭配，轻装上阵会给人最好的感觉；饰物的佩戴上一定要小巧、简单。如果能够佩戴上一些胸花做装饰会让你看起来更成熟优雅。总之，演讲时的服装与配饰一定要整体统一、相互呼应、配合有度。

第三，注意因地制宜，得体入时。有时候，领导不仅代表了个人形象，还代表着企业形象。整洁大方的仪表，展示领导个人魅力的同时，还能体现出领导对他人的尊重。着装的时候一定要注意场合，注意气氛，注意听众、对象。一般来说，与工人、农民、解放军战士讲话，服饰的选择上，要给人庄重、朴素的感觉；和学生讲话，服装款式可以休闲活泼一些。因为听众的生活习惯不同，审美情趣也不相同，因地制宜的着装就显得非常必要。

当今社会是一个注重仪容的社会，在不同的场合进行演讲，就要有不同的服装搭配。总的来说，演讲时的着装原则，要以舒适、轻便自如、协调和谐为好。

### 画龙点睛

演讲礼仪在整个演讲过程中起着非常重要的作用，而演讲者的着装打扮又是演讲礼仪中非常重要的一部分，因此，领导在演讲的时候，穿戴一定要符合演讲者的服饰标准。

## 打造明星式的造型

在一场宴会上，出现了这样一位老太太，她打扮得非常精致，头发一丝不乱地服帖在头皮上，脸上化着精致的妆容，耳边还挂着两个银光闪闪的耳环，再看看她的手，指甲都是精心修剪过的，还涂着淡红色的指甲油。可是老太太的年纪很大了，妆容虽然很精致，还是无法掩盖她衰老的面容，她的左手甚至还在不停地颤抖。老太太在全是美女帅哥的宴会上格外令人瞩目。

一位年轻的、穿着时尚的女士看到这位老太太，脸上不由得出现了鄙夷的神情，她自言自语地说："脸上的粉都快掉下来了，还打扮成这样！"不错，她说的没有一点不对，这位老太太年纪已经很大了，她的皮肤干涩得像核桃皮一般，她的左手还在不受控制地抖动。

老太太仿佛觉察到年轻时尚的女士在注意她，于是咧开涂着口红的嘴，向着女士微笑。尽管她表现得很和善，但还是无法让人觉得漂亮。她对时尚的女士说道："两年前，我患了帕金森综合征，手总是不受控制，你是不是觉得我很可怜？"

女士有些尴尬，不知说什么好。老太太继续道："孩子，你不用为难，我知道我的装扮很显眼，这是因为我不想怠慢任何一个与我见面的人。活了大半辈子，我有一个原则，就是要用合适的装扮来面对任何一个与我见面的人，因为合适的装扮是对他人的尊重，我希望自己能得到所有人的认可。"

听到这番话，时尚女士顿时目瞪口呆，随即而来的是一种敬佩之情。等到宴会结束的时候，这位曾经鄙夷老太太的时尚女士，还在和老太太亲切地交谈着，仿佛多年的老友一般。

得体的造型，不仅仅显示出一个人的修养和品位，更代表着自己对他人的尊重。如何才能打造明星式的造型呢？

第一，塑造自己的外在魅力。领导在演讲的时候，除了内在的修养之外，一定不要忽视了外在的魅力。服装和发型都是打造自己形象的最好武器。

第二，女士领导的着装可以紧跟流行趋势。打造明星般的造型来参加演讲，最重要的是要选择让自己舒服，并且适合自己的衣服。如果一味地追求干练、果断，难免会显得有些刻板。女性领导可以穿着亮色的衣服，但颜色选择不仅要显得突出，更要得体。如果你的下属比较保守，那么你可以适当加入一些装饰，比如一条亮色的围巾，这样可以给演讲带来一丝活泼的气息；如果你的下属比较开放，那么你的穿着就可以稍微简单一些，这样可以稳定下属的情绪，以便演讲顺利进行。

打造明星般的造型，要求领导紧跟流行趋势，塑造自己的外在魅力。打扮得体、优美，听众看了自然会精神为之一振，演讲也就会更加顺利进行下去。

## 画龙点睛

无论是在演讲还是在平日里和下属的沟通交谈中，领导的外表打扮都是最直观的因素。服饰、仪表是最先进入下属眼帘的。打造明星般的造型，可以达到此处无声胜有声的感觉，给下属以被信任、被尊重等感觉，营造和谐自然的会场气氛。特别是与人初次见面时，由于双方不够了解，服饰和造型都会在人们心中占有很大的分量，打扮得体而又养眼的人，会让别人眼前一亮，精神也会为之一振。

# 扔掉演讲稿

现在的企业在进行例会时，很多领导都是照本宣科地念演讲稿。这种毫无情绪、毫无技巧的演讲表达方法，经常会让下属昏昏欲睡，不愿细听。如果能扔掉演讲稿，那么效果将会大不一样。有专家曾经这样说过："一次脱稿演讲，胜过十次照念演讲文件。这不仅仅是领导创新能力和适应能力的一种表现，对于领导提高工作效率、提升自身水平也有非常大的帮助。"

有些企业领导，在任何公共场合发表演讲时，都习惯拿着自己事先准备好的演讲稿在台上讲话。这些演讲稿之中，有些甚至是秘书写的，完全不是领导自身所想的内容。这些领导只是在用自己的嘴巴去讲别人想讲的东西，而自己是否理解或者认同这些观点或思想，下属却不知道。如果根据演讲稿开会或者讲话的次数多了，就会很容易影响领导在下属心中的形象，也会让下属对领导的能力和态度产生质疑，在一定程度上，会大大削弱领导的信誉以及个人的威信。

要想避免这些，首先就要尝试着脱稿演讲。扔掉演讲稿要求领导在进行会议的时候，不念讲稿，不看题词，完全凭借自身的能力演讲。这就对领导自身素质提出了更高的要求，它要求领导要依靠自己的才智去创造性地工作，而不是照本宣科，这样就可以有效地去除废话、空话、场面话，不仅节约了时间，还提高了工作效率，说话更到位，下属也能够听懂。最关键的是，扔掉演讲稿，可以让自己的目光随时和下属进行交流和互动，这样更能得到下属的认同和佩服。

有些人认为，扔掉演讲稿是一件很难的事情，其实并不是，只要掌握正确的方法，扔掉演讲稿，会变得非常简单自然。

第一，想要实现脱稿演讲，领导首先要做到，如果没有必要写演讲稿，一定不要去写。当领导的思维和逻辑有了比较清晰的脉络时，不用演讲稿反而会叙述得更清晰，因为一旦把稿子写好了，就容易把自己的思维限定在固定的框架中。如果在必须写稿子的情况下，最好只写大纲，把大纲和主要的脉络制订好，根据大纲提示进行演讲，就会声情并茂，引起下属的共鸣。

第二，作为领导，演讲有时候并不是可控制的，也许会遇到即兴演讲的时候，这并不是大部分人都具备的一种演讲能力。领导在演讲的时候，一定不要紧张，不妨放慢语速，边说边想，同时快速在脑中整理出自己的脉络，这样就能够把自己想说的话尽可能地表达清楚。

其实，只要领导能够多加练习，熟能生巧，即便是即兴演讲，也能够脱口而出、张口就来。但是一定要注意，紧张是领导在演讲时的大忌，一旦领导出现紧张的情况，就可能会大脑一片空白，出现卡壳、手足无措、语无伦次等状况，这些状态的出现于演讲是非常不利的。

扔掉演讲稿这种表达技巧，可以快速提升领导的演讲能力。不过，当面对一些技术性的术语或者是流程性的通知、条款的时候，千万不要花费太多的时间去背，可记在纸上，在适当的时候，作为参考使用。

### 画龙点睛

扔掉演讲稿，是衡量领导能力水平的重要标尺，它不仅体现了领导的自信心，同时能够更直观地表达出领导的内心所想。领导的个人魅力在每一次的脱稿演讲中都会展现出来，这样的领导和演讲方式，很容易就会被下属接受，从而唤起下属的情感共鸣。

## 风度翩翩的领袖气质

作为领导的你，是不是时常会有这样的困惑：明明职位不相上下，明明自己贡献比他多，为什么从自己口中说出的话和从他口中说出的话产生的效果会如此不同？为什么在一些情况下，明明自己做得比他好，下属却更愿意与他沟通和交流？为什么他更容易得到团队的认可，领导的赏识呢？

无论身处哪一个团队，总会有一些人充当核心角色，他的言辞很容易就会被这个团队所接受，大家会根据他的指引做出决策和行动。这样的人，我们称之为拥有“领袖气质”。所谓拥有“领袖气质”的人，并不一定完全是高层的领导，在任何一个团队，大到几十人几百人的公司，小到几个人组成的部门，总会有一个人能够说服他人、引导他人。在某种程度上，拥有“领袖气质”的人都具有很强的人格魅力。如何才能做一个拥有风度翩翩的“领袖气质”的领导呢？如何让自己的言行、自己的讲话成为别人的标杆呢？

第一，风度翩翩的“领袖气质”需要你拥有诚实守信的好品质。现在社会的竞争非常激烈，权力和金钱等各种欲望把这种市场化的社会变得浮躁多变，人也变得尔虞我诈。有的领导认为“诚实”就是老实，代表着受欺负、受委屈，代表着“无能”，所以不愿意让自己做一个诚实守信的人，但如果下属不能从你嘴里听到真话，你如何能够得到下属的信任？你的话又怎么可能被下属所接受？

第二，风度翩翩的“领袖气质”需要你学会倾听下属的话。在职场上，学会如何表现自己，如何借助各种技巧将自己的思想传给下属，对领导而言是一件非常重要的事情。很多领导认为，“说”远远比“听”更加重要，能够更个性化、展现自我。这是正确的，但是如果想要你的团队接受你，想要自己成为真正的“领袖”，就一定要善于倾听下属的话。因为“听”的本身，就是对下属的一种尊重，“听”可以帮助你了解下属的思想、下属的需求，认识到自己的认知和别人的不同，知道自己的理想和现实之间有多大的差距。被誉为“经营之神”的松下幸之助，白手起家最后取得了非常卓越的成就。当有记者问他从一个学徒到跨国企业总裁，有什么经营诀窍时，松下幸之助的回答很简单，他说："细心倾听别人的意见。"由此看来，倾听是了解对方需要，发现事实真相，增进上下级之间彼此信赖与合作的最好途径。

第三，风度翩翩的"领袖气质"需要你会说话，说好话。当拥有了"诚实守信""善于倾听"的良好品质之后，就要更加关注自己的演讲能力。作为领导，掌握了很多的信息之后，你所说的话，自然会站在一个新起点上，站在团队的角度上，同时，你的见解也就会更深入、更权威，说出来的话更容易说到别人的心里。如果你每次的意见都是相对正确的，能够让下属接受，那么就会在下属心中自然而然地树立起权威的形象。

每一个成功的领导，都有与众不同的气质。这就是"领袖气质"，"领袖气质"就是让下属折服、让下属尊敬的气质。这要求领导要依靠公司的规章制度和个人的学识、能力、敏锐的嗅觉、果断的做事魄力来带领团队完成既定的工作，实现自身的价值。这也是对领导自身能力提出的新要求：只有当自己的能力始终能够带领团队前进的时候，自己的地位才有价值，自己的"领袖气质"才会展现出来。

同时，领导在被企业赋予了权力和待遇的同时，也承担着公司对他的要求，以及下级的理解和认可。当上面顶着公司期望，下面要协调相关资源和团队时，领导就需要及时展现自己风度翩翩的领袖气质，用自己的威信和智慧带领下属稳步前行。

## 画龙点睛

每一位领导者，除了拥有能够证明自己成功管理企业的能力之外，学习如何拥有领袖气质以及出众的演讲才能也是非常重要的。领袖气质和演讲巧妙地融合，会使企业的根基更稳固，企业的发展更稳定，企业未来的方向更明确。

# 第五章

# 彰显仪态：就像英雄上战场

每一个演讲者都希望自己的演讲具有说服力和感染力。要做到这点，首先就要注意自己的演讲仪态。一般来说，演讲者的演讲仪态不仅包括演讲时的语言、语调和语速的变化，还和演讲时手势的运用、姿态和眼神的变化有着密切的关系。这些都对演讲者情感的表达起着非常重要的作用。仪态既是帮助演讲者展现自己的舞台魅力、有效提高自己演讲准确性和感染力的工具，同时还能吸引下属的注意，帮助领导得到下属的信赖。

## 改进肢体语言，提升影响力

一位杰出的社会心理学家说过：“很多交流，在相当的程度上，是通过肢体语言实现的。虽然我们不注意，但是别人看得很清楚。如果你在说一件事的时候同时在想另外一件事，那么你的肢体语言很有可能会泄露你真正的想法。”在演讲时，某个你自己并没有意识到的肢体语言，往往会反映出你内心的真实状态，从而对演讲的效果产生影响。对于领导来说，加入了肢体语言的演讲，往往要比平铺直叙的演讲更能打动下属的心。肢体语言运用得好坏，直接关系到演讲的成功与否。因此，准确、适当地运用肢体语言，也是身为领导必须掌握的一项基本功。

在演讲的过程中，有些肢体语言不易在下属的心中留下深刻印象，甚至可能会使其失去兴趣。在今后的演讲过程中一定要尽量避免这些肢体语言，坚持一段时间，也许你就会发现自己的影响力在不知不觉中提升了。

第一，在演讲的时候，坐立不安，晃动身体。这些看似不起眼的小动作泄露了领导紧张的情绪。当人在有不确定的感觉或者是措手不及的时候，常常会出现这样的动作，但是这样的小动作并不能帮助领导实现什么，它既不能让领导缓解紧张状态，也不能让领导的演讲更顺利。

一位企业的领导，在和自己的投资者交谈一个新的项目。这个项目他们准备得很充分，完全在自己的掌握之中，但是最后，合作却没有成功。原因就在于，这位领导的肢体语言给了投资者其他的暗示，让投资者觉得他们团队不够自信。原来，在做简报的时候，这位领导一直不自觉地前后摇晃。

这个不自觉的动作，反映了这位领导的能力和控制力的缺乏，最终导致了项目的失败。

第二，把手放在口袋里或者双手放在身体两侧。有的领导在演讲的时候喜欢把手放在口袋里，或者放在身体两侧，这样的动作会给人一种无所谓的感觉，让下属觉得领导不想参与或者有些紧张。要想避免这种情况出现，领导就要果断地把手从口袋里拿出来，做一些有决心的手势，给自己的演讲增加信心的同时，也会让下属对领导充满信心。

第三，领导和下属之间有障碍。演讲时，如果领导和下属之间有其他的物体，就会阻碍上下级交流，比如双手交叉站在椅子后，或者在电脑屏幕后和下属交流，这些交流方式于上下级交流都是不利的。正确的做法是保持“开放”的状态，让领导和下属之间没有视觉障碍，真诚地沟通。

第四，逃避眼神接触。在演讲的时候，你是盯着一旁、脚下或者桌子上的某个物件吗？你是不是从未看过下属的眼睛？这些眼神的变化，恰恰说明了领导缺乏自信心、紧张和准备不足。尝试着在演讲的时候看着下属的眼睛，这会让下属感觉到领导的态度是真诚而自信的。真正的领袖和善于沟通的人都会在说话的时候和对方的眼神直接接触。

第五，做些虚假的动作。虚假的动作也就是不自然的动作，会给人一种做作的感觉。人的手势反映的恰恰是人的内心，如果领导的手势过度或者做得不到位，都会让人觉得虚假、难受。演讲的时候，一定努力让自己的手势得当，这样才会让下属感受到领导的能力、信心和控制力。

第六，演讲的时候站着不动。这种演讲让人觉得领导的性格很沉闷、死板、没有活力，所以一定要在演讲时避免这种状态。领导可以在演讲台上走动，千万不要担心走动会对自己的演讲不利，这种方式并不会让下属觉得领导漫无目的，相反，他们会觉得领导在不断地传递“我在关注你”“我愿意与你交流”的信息。

第七，一些让人讨厌的小动作。演讲的时候，出现一些跺脚、玩笔等小动作，会让下属从中看出领导的紧张和不自信，在演讲过程中应减少此类小动作。

第八，没精打采，站姿不稳。这些姿态往往是缺乏自信的表现，会让下属觉得领导没有权威。演讲时，一定要让自己抬头挺胸，这样会让人看起来更自信、更有热情。

真正有活力、有感染力的肢体语言会帮助领导提升演讲的精彩程度和表现力，注意它，会让领导的影响力持续提高。

### 画龙点睛

统计数据显示，在交流的过程中，有百分之五十以上的信息，是通过以肢体语言为代表的视觉信息传达出去的，比如动作的变化、眼神的接触。仔细想想，我们讲话的时候，是不是总是会不自觉地用上自己的手势，自己的表情，自己的更多肢体语言来帮助我们传递信息？平日说话尚且如此，演讲的时候若渴望高效率地信息传递，就更需要全面高效的沟通，而这一提升沟通效率的秘诀，就是肢体语言。

## 巧妙运用“手语”

适当利用肢体语言，可以让领导更充分地表现出自己的成熟、自信、涵养，同时还能展现领导的气质和风度。

演讲时运用自己的肢体语言，可以让演讲者看起来精力充沛。演讲的时候，领导的表情一定要自然，要面带微笑，眼睛要直视下属，这样可以和下属做最直接的眼神交流。同时可以加入一些姿势和动作，用来强调自己的演讲内容。但是要注意，领导的肢体语言一定要有度，不要太过，否则会给下属不稳重的感觉。

演讲时手的放置是让领导头疼的问题之一。在演讲的时候，手应该放在哪里呢？如果你站在讲台的后面，那么把手放在讲台的两侧就显得很自然。如果没有讲台，也可以双手握在胸前。有的领导喜欢在演讲时手里拿上一支笔或者是做一些手势,这些都是可以的。但是要注意的是，无论是在多么轻松的场合，都不要把手放在裤子口袋里，或者把手背在身后，这样会给下属一种你太过严肃、没有亲和力或者过于随意的印象。

手势是使用频率最高的一种肢体语言，双手活动的幅度最大，最方便，也最灵活，所以变化会很多。而手势的吸引力、感染力和表现力也是肢体语言中最强的，最能表达出自己丰富多彩的思想感情。得体的手势，可以产生极大的魅力，最大限度地帮助领导激发下属的热情，加深下属对演讲内容的理解，帮助让领导的演讲获得成功。除此以外，经常利用手势可以扩大自己的思想容量，加强自身的形象表达，让自己的演讲感情色彩浓烈，令下属喜欢听、愿意听。

总的来说，手势的运用方式分为以下四大类。

第一，模拟手势。模拟手势指的是用手势描述出形状物，以此表达出人们的真情实意。模拟手势带有一定的夸张色彩，比如领导讲到“微型照相机只有这么大”的时候，用手示意一下，下属就会很容易明白。这种手势运用非常形象而且具体。模拟手势含有的信息量很大，运用这样的手势来辅助演讲，容易使情感升华，更有利于下属的理解。

第二，指示手势。指示手势是用来指示具体真实的形象，它多有助于使下属看到真实的事物和人物的场合，比如讲到“你”“我”“这边”“那边”的时候，都可以用手指一下，从而让下属有更清晰的印象。指示手势又分为实指和虚指两大类，实指是领导手势直接指明在场的人或者方向，虚指指的是“他的”“后面”“那时”等词。指示手势非常简单，虽然表达的方式单一，但是由于手势本身不带有太多的感情色彩，领导可以指示下属的视觉去感知事物的方向。当然，在看不到指示事物的情况下，不能使用这种手势。

第三，情意手势。又叫抒情手势，这类手势在演讲的过程中使用频率最高，主要用于表达喜怒哀乐等强烈情感，使某种情感具体化。比如，兴奋的时候拍手称快，气愤的时候双手握拳，担心的时候双手互搓，果断的时候猛力砍下，等等。这种手势既能够渲染气氛，又能够帮助领导传达情感，所以是领导在演讲时最喜欢使用的手势之一。

第四，习惯手势。习惯手势展示出领导的个性化风格，任何一位领导都有自己独有的习惯性手势，这种手势的含义非常不明确而且也不固定，可以随着领导演讲的深入而展现不同内容的含义。

下面具体说说领导在演讲时常用的手势和作用。

第一，手心向上，手掌向前伸出，这一手势表示的是激励、号召、赞美、欢迎、请求。当领导在说“同志们，我们今年一定能够完成这个目标”“希望我们能一起把我们的企业建设成一流的企业”这样的语言的时候，搭配这样的手势，就能加深下属的印象。

第二，手心向下，手掌向前伸出表示否认、反对、不喜欢、低调。比如，当领导说“大家一定要淡定”“……这样的行为我们是不提倡的”等一类有关否定与不认可的内容时，可以配合这样的手势。

第三，两只手从双手合掌变成分开表示分散、无奈。当领导说“对于这样的同事，我实在是无能为力”“虽然做了许多工作，但我们这个项目还是失败了”时可以用这样的手势。

第四，两只手从分开变为双手合掌表示的是凝聚、合作。“我们一起努力！”“这个项目希望大家能够全力配合,争取早日拿下！”这时候就可以用这种手势。

第五，单式手势向前冲，表示打击、前进、激励、力量。当领导说“朋友们，为了我们的未来，我们一起努力”的时候，手势就要紧密配合最后一句话，果断、猛力地向前方伸出去，这样可以给下属一种信心和力量，激发下属的热情。

第六，单式手势往上推，手心向上表示力量和责任，比如当领导说“就是有再大困难，我们都能扛过去”；手掌向下、向后，则表示后退、不屑、消极、黑暗的意思，如“这些乌合之众是成不了事的，早晚会被淘汰掉”。

演讲是一门艺术，手势则是这门艺术的精髓，对演讲起着至关重要的作用，每一位领导都要重视这些手势。当你对肢体语言有了初步的了解之后，一定要在日后的演讲中多练习，当你运用自如的时候，你的演讲气场会更加强大。

## 画龙点睛

作为领导，一定要学会在和下属或听众交流的过程中，运用好自己的肢体语言，令肢体语言和自己的演讲相互映衬，互为补充，这样才可以更大程度地发挥演讲的效力，激发下属的热情和信心。

## 调整好你的声音和语调

演讲是一门语言艺术，它与写文章不同，文章可以表达出作者的思想、情感，但是无法通过声音给读者以更为直观的感受。而演讲是一种可以使听众听得更深刻，更能感受到演讲者思想情感表达、转折、变化的语言表达方式，技巧运用得当会使得演讲变得声声入耳，让人心潮澎湃。要想做到这一点，就一定要注意口语的表达。而口语表达中最重要的，就是要调整好声音和语调。

第一，注意你的发声技巧，千万不要靠拼嗓门取胜。

首先，领导演讲的时候一定要吐字清晰，这是所有演讲者在演讲时都必须具备的基本功。吐字清晰可以使下属能够更清楚地明白领导所讲的内容，避免因为同音字而造成误解。

其次，声音一定要圆润响亮，这里所说的响亮并不是扯着嗓子喊，而是声音要在可控制的范围内尽量大一些，这样可以保证下属都能听到自己所说的话。响亮的嗓音大多数领导都可以做到，但是要做到圆润就有些难度，圆润的嗓音能让下属感觉到优雅、有磁性。有的领导先天条件好，生就一副圆润响亮的嗓音，有的领导就不是那么幸运，但是，通过后天的勤奋练习，嗓音也是可以加以改善的，不妨去进行一些发声练习，比如深吸一口气，缓慢而悠长地发出“呜……”的声音，经常这样练习，对于嗓音的改善很有好处。

一成不变的声音会让听者感觉到疲倦，这就要求领导在演讲的时候声音要富有变化，这样才能表达出自己的感受和思想，演讲的内容也要根据轻重缓急做一些变化和调整。

最后，演讲的声音要持久有力。演讲不是一两句话就能表达完的事情，而是会持续一段时间，所以领导演讲的时候，声音一定要持久有力，不要随着演讲时间的延长，声音变得越来越无力。

第二，领导演讲的时候一定要注意自己的节奏。

首先，要让自己的演讲有重音。重音是为了引起下属的注意，加深下属对演讲内容的印象，展现演讲的力量。重音的使用分为四类。第一类是当有对应关系、表示比较的词语时，可以用重音表示。比如：“这一举两得的发明，恐怕连爱迪生也不得不叹为观止吧。”这句话中，“恐怕”这个词就可以用重音；第二类是在句子中列举同类词语应该重读。比如：“我爱蓝色，它不仅仅是大海的韵律，还是天空的辽阔，更是和平的象征和我们理想的寄托。”这句话中“寄托”二字就可重读；第三类是句子中有重复的词语时，要重读。比如：“效益，你牵动了多少人的心；效益，你困扰了多少人的日日夜夜……”这之中的“效益”就可以重读；第四类是根据领导表达演讲感情的重点而定。

其次，演讲的速度要有变化。演讲速度不能太快，这样会让下属难以听懂，也不能说得太慢，否则会让下属感觉到领导怯场，或者对演讲内容不熟悉。演讲速度一定要根据自己演讲内容的变化，随时进行调整。

在演讲的时候，随着演讲内容的不断深入，演讲者会逐渐改变说话的速度，这往往是不自觉出现的。这种随着自己心理情感出现的变化，就会造成一种声势，使得演讲者所演讲的某一点特别突出和明显。

你可以试着说出这么两句话来感受一下演讲速度不同所带来的声势不同：先用漫不经心的态度说一句："交易金额是 20 万元。"然后把速度放慢，并且像是很惊讶地发现一个很大的数字那样说："交易金额是 2——万——元。"

听完了之后，你是不是会觉得后者所说的 2 万元比前面所说的 20 万元的数额还要有令人惊讶之感？因此，在演讲的时候，领导一定要学会控制好自己的演讲速度。

领导不要只是关注自己讲了什么内容，或是这些内容能否为你的演讲加分，而是要善于运用多种方式和方法把自己的思想传达给下属。在上台之前，你不妨做个深呼吸，好好地调整自己的声音和语调，用最饱满的情绪、最真诚的声音去进行自己的演讲，相信这会对你的演讲起到锦上添花的作用。

## 画龙点睛

演讲的目的，就是要用生动的表达让下属对领导的意图有更全面和清晰的了解。而想要生动有力地表达自己想说的内容，不仅需要合适的语气，还需要领导恰当地运用语调的技巧，增强演讲中语言表达的美感。只有这样才可以让演讲更加完善，让情绪更加饱满，让演讲的意图更容易被下属接受。

## 姿态要和表达的内容相符合

演讲表达的主要特点是“讲”。对于领导来说，有了思想和决策，就要通过沟通交流的方式告知下属。有了思想，不一定能很好地把自己的想法传递出去，正如善于写歌词的人，不一定就唱得好；有文采的人，不一定很会说话。真正的领导，既要会想，更要会说，而想要会说，姿态和表达一定要相辅相成、相互符合。如果演讲的时候只知道讲，而忽略了姿势的作用，那么即便你有超凡脱俗的智慧，无比深刻的思想，也是毫无用处的。

演讲时的姿态可以给下属以某种印象：适合的姿态能够给下属堂堂正正的印象，而不恰当的姿态就可能让下属觉得领导看起来畏畏缩缩。除此以外，姿态也要和表达的内容相符合。一般在演讲的时候，可以以一种轻松又不缺乏严肃性的姿态演讲，来表述自己想要表达的内容。要让身体放松，就一定不能太过紧张，过度的紧张会造成反效果，不但会让自己的姿态看起来笨拙僵硬，而且也会影响语言表达，让演讲出现问题。而严肃的演讲，姿态就一定要显得庄重、沉稳，这样才会更好地衬托演讲的主题。

总的来说，领导演讲的时候姿态可以分为站姿、身体移动和表情。

领导演讲时候的站姿可以辅助有声语言，把演讲内容更形象、有效地表现出来。

第一，当要表达演讲中复杂多变的情感时，可以采用前进式的站姿。这种姿势是优秀的领导在演讲时使用最频繁的一种站姿，右脚在前，左脚在后，前脚脚尖向正前方或者是向外稍斜。这种姿势的重心无需固定，可以随着上身前倾与后移的变化分别落在前脚跟和后脚跟，这样领导在演讲的时候就会比较轻松，且更能辅助手势的变化，帮助体现领导丰富的情感。

第二，当演讲内容比较平和，只需论述内容，而不需要表达强烈情感的时候，可以采用稍息式的姿势。这种姿势是最舒服的一种姿势，一只脚自然站立，另一只脚向前迈出半步。这种姿势比较单一也很舒服，这个姿态一般适用于长时间站着演讲的领导，可以随时更换姿势，使得身体在短时间内能够得到休息。不过，如果领导演讲的时间比较长，最好就不要用这种姿势，因为时间久了，它会给人一种不严肃的感觉。

第三，演讲内容无需表达强烈情感的时候，还可以使用自然式的站姿。这时可以两脚自然分开，平行与肩同宽。这样的姿势最为自然，不会显得拘束。

总而言之，领导在演讲的时候，一定要做到定势沉稳。定势沉稳，就是领导上台及下台的姿态要沉着稳定。当领导走上讲台，成为发言对象的时候，一定要面带微笑，充满自信，同时收腹挺胸，神态自若。定势沉稳的姿态可以让下属眼前一亮，增加下属的兴趣，同时也会使得领导受到感染。如果太慌乱以至于手足无措，甚至含胸低头等，都会给下属留下不好的印象，领导自己也会感到自信心缺乏。同时，下台的时候，应该大方自然地行走，直到落座。

演讲中身体的移动也能体现出演讲内容的不同。一般来说，在正规的演讲场合，领导站立后是不宜移动的，但是特殊的情况下，也要有适当的身体移动。

第一，要动得有理。比如，当演讲内容为鼓励下属或者是制止一些特殊情况的发生时，就可以向前移动两步，这样可以及时体现出领导演讲的内容。

某学校进行纪念“一二 · 九”演讲报告会的时候，当演讲者讲到学生应该继承“一二 · 九”光荣的革命传统时，有少数学生竟然交头接耳说笑起来，演讲者为了避免事态的扩大，于是停了下来，向前走了几步，然后对着说笑的某一个同学，说：“讲到这里，我想要问问这位正在说笑的同学一个问题，你想以怎样的实际行动来发扬‘一二 · 九’爱国主义精神呢？又如何做出自己应有的贡献呢？”演讲者以走动的方式，直接制止了说笑的同学，并有针对性地启发了大家的思维，演讲得以顺利进行。

第二，身体移动的时候，要有规则。如果下属听累了或者是对演讲内容不甚理解的时候，领导就可以走动几步，但是一定要在走动方向、节奏、快慢上保持一定的规则。比如往讲台左边走几步，对着左侧的下属说上几句，然后再往右侧移动几步，对右侧下属说几句。这样既能活跃现场气氛，也能稳定下属的情绪。

第三，身体移动要适当，不宜过多。如果领导在演讲过程中需要抒发情感，可以利用走动来实现，但是要注意，移动的范围不要过大过远，更不要反复来回走动。

领导演讲时的表情要丰富。表情主要指领导面部的颜色、光泽、肌肉的收缩情况，是一种非常重要的肢体语言。领导在演讲的时候，如果忽视了表情，那么演讲效果就会降低，即便自己演讲的内容非常精彩，但是如果表情缺乏自信，会给人一种瞻前顾后的感觉，这样的演讲自然也就缺乏说服力。表情是心理变化的晴雨表，总是用最简单的方式，诠释出演讲者内心复杂的心理活动。当领导对某一事物表示出不以为然时，往往是嘴角微斜，鼻子上挑，脑袋稍偏；当领导感到诧异的时候，往往嘴巴张大，眼睛瞪开，眉毛挑高；当领导心情愉快的时候，往往是嘴角上扬，脸上肌肉动作往上聚集……这样丰富的表情，能使下属在“察言观色”中了解到领导丰富的内心变化，受到感染。

姿态，是领导演讲的辅助工具，在一定程度上可以帮助领导更完善地传递信息，弥补语言表达能力上的不足。领导的姿态一定要和所要表达的内容相符合，只有这样，领导在演讲时的思想情感才能表现得更充沛、更形象、更具体。

### 画龙点睛

古希腊著名的演讲家德摩西尼认为："演讲的秘诀在于姿态。"从这里可以看出，演讲姿态对于表达演讲内容有着十分重要的作用。在演讲过程中，领导要善用自己的站姿、身体移动以及面部表情等一切可以方便下属理解的姿态，使自己的讲话更具有艺术性和感染力。

## 演讲礼仪很重要

对于领导来说，演讲礼仪必不可少，因为它是建设性互动的前提。一般来说，演讲时要求领导要彬彬有礼、从容大方、不失分寸。如果是傲慢的态度、轻佻的作风，下属就会产生反感。领导从站起到走上演讲台，直面听众的几秒钟时间给台下听众留下的印象非常重要。

演讲礼仪是能够使演讲这种交流方式达到最佳效果的一种途径，更是一种互动的方式。演讲的时候，应该注意以下几点礼仪：

第一，登演讲台的礼仪。

在登上演讲台之前，领导要自然站立，向下属点头或鼓掌，表示自己的感激之情。如果有主持人主持的演讲，领导可在主持人介绍完演讲者后，点头向主持人致意，如果稳坐不动或者是仅仅欠一下身子，就显得非常不合适。

在登演讲台的时候，领导应该用稳健且充满自信的步伐，精神饱满地大步走上演讲台。站好位置之后，可以诚恳地向下属鞠躬致意。除非是在严肃的场合，领导都要保持微笑的表情，用目光和下属打招呼，感谢他们的聆听。

一定要注意，要在站稳之后才可以开始第一句演讲。演讲开始的时候，要先热场，声音高低适中，有亲切感。在之后的演讲中，也要注意有意识地调整好自己的声音，随着演讲内容的不同，声音也要有高有低，有起伏变化。在声音的运用上，千万不要一成不变，这样会让下属觉得演讲没有重点，丧失兴趣。

第二，演讲中的礼仪。

演讲中要特别注意的是：

头部和手部的动作不要太多、太碎。这样会给人一种不稳重的感觉，更会分散大家对演讲内容的关注。正确的做法是在演讲内容有需要的时候再伴随头部和手部的动作，其他时候自然站立即可。

台上走动不宜过多。有的领导喜欢在台上边走边讲，这样的做法也是非常不恰当的。台上过多走动会影响下属的情绪，特别是当讲到比较难理解的内容时，如果不能和下属有直接的眼神交流，及时对下属不明白的部分加以补充，而是在台上走来走去，就会加深下属的烦躁情绪，降低他们的兴趣。当然，在演讲台适当走动也是可以的，特别是当领导讲累了或者是下属听累了的时候，走动一下可以引起下属的注意力。

演讲中，不要弯腰驼背，或者把手放入衣兜。演讲中出现这样的动作，会直接给演讲减分。弯腰驼背会给下属一种领导很不自信的感觉，手放入衣兜会让下属觉得领导对演讲及演讲内容满不在乎。正确的做法是站直身躯，双手可以轻轻地扶在讲桌两边。

第三，演讲后及下台后的礼仪规范。

演讲结束之后，领导一定不要忘记面带微笑说一声“谢谢”。同时，要向下属鞠躬致意，之后再从容不迫地走下讲台。在下讲台时，一定要注意，不要过于匆忙，这样会给人一种失意的感觉；也不要过于缓慢，会给人一种得意、满不在乎的印象。如果是有主持人的演讲，在演讲结束坐下之后，主持人和下属用掌声向领导表示感谢的时候，领导要立即站起身，面向下属点头敬礼，以示感谢。

第四，演讲时的其他礼仪。

有时演讲者需要和其他的演讲者一起参与演讲，当遇到几位演讲者同时进入会场时，不要在门口推托谦让，而是要以原有的顺序自然进入会场。在演讲结束之后，演讲者可能由主持人陪同先行退场，这个时候，如果听众出于礼貌，也许会站起来，给予热情的掌声，这时候演讲者千万不要置之不理，而是应该报以同样热情的回应，鼓掌或者招手致意，走出会场；如果是听众先行退场，那么演讲者一定要站起来，面向听众，目送听众。

领导可以通过演讲礼仪，展示出自己良好的行为举止、礼貌谈吐；听众也可以从领导的形象和礼仪中，形成对领导更好的印象。因此，演讲礼仪是辅助演讲的工具，可以增强领导的演讲效果。

### 画龙点睛

演讲的时候，如果过于随意，不注重演讲的礼仪，那么即便你有再好的想法，在传递的过程中也会因为下属的不满而出现偏差。所以对于领导而言，一定要关注演讲的小细节。合适的礼仪，配合精彩的演讲，相信你的演讲效果一定会非常棒！

## 善于用正确的信号

领导如果想要拥有一副好的口才，拥有更好的演讲能力，就必须不断学习、积累素材；多做准备、多加思考；掌握分寸、把握要点……除了这些，领导在演讲的时候，还必须学会在正确的时间用正确的信号，这样才能对下属起到更好的导向和引导作用。

领导从上台的那一刻起就在传递着信号。你的脸、手、声音是传递的载体，你的衣着、表情和妆容也是传递的载体。下属看到的东西和他们听到的是同样重要的。

领导在演讲时都应学会运用哪些信号呢？

表示鼓励、赞美、表扬的信号。如果领导在演讲的时候，把手势放在肩部以上，就能给下属一种积极向上、比较宏大、张扬的内容和情感。这种信号能表现出领导的喜悦、祝愿、对未来的展望等。不仅可以让下属看到领导的信心，还可以让下属感受到领导演讲中的号召力，从而带动下属的积极性。

表示消极不好的信号。如果领导演讲时的手势放在腰部以下，就表示领导对某件事产生了不齿、厌恶的情感，一旦出现这种信号，那么接下来，领导很有可能会去批评指责某件事或某个人。

一般性的描述表达的信号。大部分演讲的时候，领导的手势范围都在肩部以下，腰部以上的部位，这个信号在于记叙事物和说明事理。领导想表达自己的亲切时，一般会用手肘发力，想表示自己的力量时，肩部会比较用力。

根据场面大小带来的信号。场面大的时候，领导的手势幅度就会大，相反，领导的手势幅度就会小。因为当会场大、人数多的时候，领导的手势就要以大气为主，这样才能保证让所有人都能看到；当会场比较小、人数比较少的时候，领导的手势幅度就要做得小一些，否则就会给人一种张牙舞爪的感觉。

领导演讲的时候，一言一行、一举一动，无时无刻不在传递信号。能否成为一个出色的演讲者，首先取决于你是不是一个出色的听众。也就是说，领导想要成为一个出色的演讲家、沟通者，就一定要善于站在下属的角度上思考问题，并要随时保持警觉，保持足够的兴趣。因此，你的反应必须是诚恳的、适当的、微笑的、释放善意的，只有这样，下属才能感觉到你所给出的信号是友好的、发自内心的。

## 画龙点睛

演讲，不仅是传递信息的过程，更是释放信号的过程。传递信息，是为了让听众理解自己所讲的内容；释放信号，则更多地表现了演讲者的态度和观点，是演讲者内心活动的展现。演讲时释放正确的信号，不仅能达到特定的交际目的，也可以取得圆满的沟通效果，更是演讲艺术性和技巧性的展示。

## 要看得懂下属的信号

你是否认为，在演讲的时候，只要自己能够滔滔不绝地讲下去就可以了？你是否认为，你只要注重演讲的礼仪就够了？其实，这些只是演讲的一部分。演讲是一种有声语言和肢体语言结合的艺术表现形式，这两点只是保证演讲顺利进行和传播的基础，而要想让你的演讲能讲到听众的心里，就一定不要忽略听众的反应，更要有根据听众反应进行调整的应变能力，这样才能让自己的演讲和听众紧紧地绑在一起。

领导演讲时，需要帮助下属，让他们了解你想让他们知道的信息，这并不像听起来那么简单。这意味着无论你站在哪里，都必须给他们一些信号，无论是轻松、自信、理智或者是抓紧时间。此外，领导要仔细观察下属的态度，善于从他们给出的信号中调整自己的演讲，以便达到最好的效果。

第一，下属开始忽视领导讲话的信号。

有的领导开始讲话时呈现的是一种慢条斯理的感觉，如果领导无法从开始就调动下属的积极性，那么下属是不愿意听下去的。这时候，领导就要善于从下属的表情中看出下属的心思，从而让自己的演讲更贴近下属的需求。

当下属已经有些无聊地拿着笔在纸上随意地画来画去，或者是不再和你有眼神上的碰撞和交流，又或者是频繁地快速点头时，这些动作都是在向你传达“快点结束这段讲话”,或者是“只想听要点，不想听你啰唆”的信号。

相反，如果下属直视你的眼睛，时不时地在纸上记录一会，抬头看你；或者对着你做出慢慢点头的动作,这些都是在向你传达“这段很有意思，我非常愿意听，请继续讲下去”的信号。

第二，下属希望领导能和他们互动的信号。

有些时候，下属会根据领导的演讲产生很多的联想和问题，或者是疑惑，这时候，下属会非常迫切地希望能够和领导交流自己的感受或自己的理解，如果领导不关注下属的需求，只是一味地讲下去，那么这个问题就有可能被滞留，不能及时地让下属得到解答。当你再讲下一个问题的时候，下属往往还沉浸在这个问题中无法自拔，接下来的演讲效果就会大打折扣。

正确的做法是要从下属给予的信号中意识到是否该给下属留一些讲话的时间。比如下属看着你，微微张嘴，或者是坐得笔直，有些跃跃欲试的感觉，这个时候，就要快速地意识到不应该只是自己一个人讲话，而是要把发言权让给下属。如果是你主动地认为在某一个演讲的阶段需要和下属互动，就应该在说完最后一句话之后，直视对方，微微点头示意，这样就可以让下属明白，现在该他们讲了。

第三，下属希望领导能调整发言内容的信号。

口才流利的领导演讲时往往说话如机关枪一样说个不停，此类领导若不善于及时发现下属给予的信号，那么演讲就很有可能让下属觉得厌烦。当你看到下属微微抬起食指的时候，就说明下属在向你表达“我想打断一下”的信号；或者是下属直接举手示意。这些都是下属想通过自己的参与让你的演讲更有针对性的表现。

第四，下属希望领导不要再讲下去了的信号。

普通沟通的双方中，一方经常性地低头看表、唉声叹气，这些都会让对方停止讲话。领导演讲的时候也是这样，当自己的讲话不再被下属关注的时候，下属就会有一些动作来表示“我不想听了”。

当然，因为上下级的关系，下属不可能直接做出唉声叹气或者太大幅度频繁看表的动作，但是当你注意到下属已经视线下垂，翘着腿微微地晃来晃去，或者有不时地摸鼻子、摸耳朵、摸嘴巴这样的小动作出现时，就表示他们已经不耐烦了，这时候就要快速结束自己的讲话，以免引起下属的反感。

一个优秀的领导、一个会演讲的领导，一定不是个只想逞口舌之快的人，他会关注下属的态度，会及时发现下属给予的信号，会随时调整自己的演讲。只有能够把自己的演讲和下属的态度完美融合的演讲，才是最精彩、最具感染力的。

## 画龙点睛

信号的发送和接收，在我们生活的每一个方面都会体现出来。信号与人们之间有效沟通和相互了解息息相关。作为领导，也要善于观察。当下属向自己传达信号的时候，一定要准确地理解，快速地应变，从而让自己和下属的沟通更有效，更有力度。

# 第六章

# 引领听众：让对方紧跟你的思路

有人说，演讲是一次心理推销的过程。一场有说服力的演讲，从始至终都能引领听众，让对方紧紧跟随自己的思路。一个出色的演讲者，一定要能有效地控制听众的思维。有效的演讲说到底就是演讲者能够有效控制演讲场面的一个具体过程。要想让自己的演讲随时随地吸引听众的注意，就要从开始瞄准目标，清楚地知道听众最想知道什么，这样才能让自己的演讲变得生动有趣、富有感染力。

## 给听众来一次头脑风暴

领导演讲表达的目的依次有三层：先是传递，随之影响，最后说服。这三层目的循序渐进便会形成一场思维严谨的头脑风暴，引领自己与下属共同进步，把团队推向更好的未来。

首先，领导要在演讲的时候向下属传递新信息。任何一种对下属来说陌生的信息，下属都是需要被引领的，这就需要领导首先给他们绘制出一幅地图。这个地图所发挥的就是引领作用，通过这幅地图，下属能够和领导的思考保持同步。换言之，如果没有领导严密的思维作为指引，下属很有可能就会在领导的演讲中迷失。

如果想要下属随时随地都能跟随自己的思路，领导就要让下属进入到预先设定的环境中，给下属来一场头脑风暴。要想很好地做到这点，就一定要保证你的引领是有效的。在引领的过程中，以下的步骤也许会帮助到你。

第一，演讲的背景必不可少。下属只有听到自己熟悉的东西，才会产生亲切的感觉。但是如果是自己完全熟悉的东西，他们又会没有兴趣。所以领导要把握好度，要在下属的已知中包含未知，这样才能激发下属的兴趣。领导可以运用一些对比、冲突的方式，调动下属的积极性。

第二，要善于设计冲突。在演讲的过程中设计冲突，并不是一定要有矛盾与不同，而是说，要在已知的情况中设计一些不同与变化，这些不同和变化可以从问题或状况中延伸出来。这样设计出的冲突，就能帮助领导更快地把下属引领到自己想要他们了解的观点的氛围中去。

李开复在专访中说过这么一段话："拿到礼物当然开心，但是因为每个员工都得到一块手表，我不觉得这是对我能力的肯定，比较厉害的人都喜欢个性化的奖励。1992年我在苹果公司工作时，曾经领导研发了一种语音识别系统，上了《华尔街日报》和热门电视节目《早安美国》……这让我感觉很不错。"

这段话，就巧妙使用了冲突设计。当听众听到这段主观性讲话时，心中就会有疑问：为什么这么说？为什么比较厉害的人喜欢个性化奖励？等听众产生这种疑问的时候，李开复举了一个亲身经历的例子来回答听众的疑问，接下来，大家自然能够明白他为什么这么做，也就比较容易接受这个观点了。

第三，对冲突结果进行预测。也许下属会对你设计的冲突产生疑问。领导要提前做好预测，无论这种疑问是下属直接提出来或者是侧面说出来的，领导都要提前考虑到最容易引起下属疑感的都是什么，并根据下属的需求进行回答。

第四，给出解决的办法。这个解决办法一定要和自己演讲的主题或者是自己所要表达的核心观点或结论息息相关。

领导的演讲技巧会直接影响到下属的依赖感，是关系到下属能否提起干劲工作的重要部分。很多有经验的领导，会在表达一个主题之前做好一系列的铺垫工作，每一个论点、每一个案例、每一个论据都精心设计。他们做这些的目的，就是希望有效地引领下属、说服下属，并让对方紧跟自己的思路，从而实现自身价值。

### 画龙点睛

演讲中的“头脑风暴”是用新的思想，通过一系列的演讲技巧或方法传递给听众，从而引领听众思想的过程。企业中，每一项工作的背后，都必须有一个智慧的大脑思考和支配。这就需要领导在演讲的时候，保持思维的严谨，运用演讲背景、冲突、解决方法等手段，在下属心中掀起一股强烈的头脑风暴，从而引领下属稳步前行。

## 会讲故事，才能吸引听众注意力

讲故事，是人类传递价值观和理想的最古老但是最有效的一种方式。好的故事具有很好的激励效果，能够打动他人的内心，吸引他人，教育他人。

领导讲故事也有很多的诀窍，在适当的时间里讲适当的故事，这样才能以一种最简单的方法去帮助下属理解领导的思想，是管理层实现有效领导的重要技能。每一个领导讲故事的方式和构思都是不相同的，但是一个能有效吸引下属注意力的好故事，一定具备以下几个关键因素。

第一，故事和情节必不可少。故事的作用就在于让听到的人跟随它的情节进行一场游历，用语言的形式，把现实和虚拟结合起来，把听故事的人转移到另一个不同的世界，使其完全投入到故事的情节和精神之中。只要下属能完成这样的转变，那么这个故事就是非常成功有效的。领导要注意的是，想达到这样的效果，前提一定是领导选择的这个故事对下属有吸引力，只有充分关注到下属的兴趣点，才能激发下属快速地投入到故事情节中来，主动地进行参与。领导给下属讲故事的时候，一定要多描述一些主人公的行动和细节，这样做是为了让下属记忆犹新，下次面临同样的境遇的时候，可以快速找到参考，这也正是领导讲故事所要达到的目的之一。

一个学生在学校组织的演讲比赛里，运用了这样一则故事来表达当代大学生要积极乐观地面对生活。他是这样说的："曾经有一位科学家，对于科学非常着迷，这位科学家整天在实验室里埋首研究，不问世事。突然有一天，他的实验室发生了大火，他多年来潜心研究的心血，瞬间付之一炬。火势很猛，科学家无可奈何，放弃抢救自己的心血成果，逃了出来。他的儿子看到父亲的实验室被烧毁，很担心父亲，于是想要去安慰他。谁知在人群中，他看到父亲在那里，没有一丝悲伤，反而很冷静。儿子替父亲感到不值，于是过去和父亲说：'爸爸，实验室快烧光了，怎么办？'谁知科学家非常兴奋地对儿子说：'快把你妈叫来，她一定没看过这么壮观的场面。'第二天，科学家看到变成了废墟的实验室，脸上竟然露出了微笑。别人好奇地问他：‘你怎么了？是不是受了刺激？’谁知这位科学家说：‘感谢这一场大火，把我以往所做的错事都烧掉了，现在我又可以重新开始了。’之后，这个科学家换了一个角度，重新开始了自己的研究。没过多久，他就发明了留声机。这个科学家就是爱迪生。这个故事告诉我们，即便是出现大火，也未必是坏事，也许会变成好事。因此，当我们在面对困难和挫折的时候，一定不要气馁，用积极乐观的态度去面对，就一定会有意想不到的收获。”

这个演讲者在演讲中加入了故事和情节，引人入胜，让听众跟随自己的思路，快速地参与进来。

第二，故事的内容要符合当时的组织需求。领导要记住，思想的传递最好是通过演讲的方式，把故事和企业所面临的机遇和挑战的战略层面相结合，这样讲故事的效果才会好。这并不是说领导在讲故事的时候一定要讲自己企业所发生的，领导可以讲古今中外甚至是自己编撰的故事，但最重要的是，这个故事一定要与目前企业所面临的问题和挑战联系起来，这样的故事才有意义，才能引起下属的思考。

第三，讲故事时必须关注演讲的对象和环境。故事不能是说讲就讲的，一定要看故事的受众和环境，考虑到下属的需求和层次。每个人关心的事情都是不一样的，基层人员更关注的是如何完成这一次的指标和任务，关心的是日常管理工作；而领导干部则更为关心一个企业的战略和决策的实施，而不太会关注日常的管理工作。因此，构思故事之前，一定要先进行一番思索，要考虑到听故事的人的层次和水平，让他们能够把故事和自身情况联系起来，想象自己在这样的环境下如何解决问题。

另外，在讲故事之前，一定要考虑下属听故事的兴奋点在哪儿，这样故事的针对性就会更强。如果领导是要给基层的员工进行演讲，就要利用故事帮助他人认识自我、接受现实、敢于迎接挑战；如果听众只是层面较高的中高层领导，就要多运用一些富有逻辑性的故事，调动他们的思考，给予他们启发和成就感。

第四，故事一定要曲折，有戏剧性。在听故事的下属的眼里，一个生动形象的故事往往更会吸引他们的注意力。因此，领导在讲故事的时候，一定要善于设计戏剧性的过程和结尾，出其不意，才会让人更加难忘。

第五，故事的价值性不可缺少。一个好故事可以触及下属的心灵，促进他们语言、行为的改变；而一个与企业发展密切相关的故事，不仅具有分享组织价值观、强化对企业文化认同的作用，同时还能帮助下属准确理解企业的目标和发展战略，让下属清楚目前企业所面临的机遇和挑战，帮助下属找到自己在企业中的定位，有效引领下属朝着企业发展目标前进。

## 画龙点睛

在演讲中融入故事，可以激励下属向故事中的人物和行为学习，感受其中正能量。故事的宣传与教育能力是洋洋洒洒的说教和口号都不能比拟的。因此，对于领导来说，是否会讲故事、讲好故事，这已经成为衡量一个领导个人演讲能力的重要标准之一。

## 引用故事，帮助下属理解领导的价值观

英国有一句谚语：“空谈是不值钱的。”这其实是在告诉演讲者，如果没有精辟的见解、引人入胜的话题，演讲就会成为毫无意义和价值的空话、套话专场，听众即便听完了全场也有可能过后就忘。

企业领导演讲的时候也是如此，大多数领导所面临的挑战就是如何才能有效地把自己的想法和价值主张传递给自己的客户、下属、投资人和团队。对于演讲来说，这一点往往很重要。在现实中，如果想要把自己的想法更完美地传递出去其实并不容易，因为人们对带有明显说服意图的外来价值观、观点都会处于一种本能的警惕状态。如果能够采取一种更自然的方法来宣传自己的价值主张，那么演讲的效果才会更佳。这种方法就是讲故事。

领导如何运用讲故事让下属了解你的价值观呢？

第一，可以通过讲“我是谁”让下属了解你的价值观。领导可以通过讲述自己的成长故事，让下属了解自己的经历和信奉的价值观，从而知道领导为什么有这样的要求，或有什么样的理由要这么做。只有让下属了解自己，才能让下属更自觉地追随自己。

任正非是华为集团的总裁，他就是通过这样的方式让人们了解了他的价值观。他通过讲述《我的父亲母亲》，表现了自己丰富的

情感世界，更表现出自己不怕艰难、克服困难、奋发图强的精神，这个演讲一下子就打动了华为的全体员工。

第二，领导可以通过“我们是谁”，来定义整个团队的集体价值观。实际上，领导可以通过讲故事的方法，用更加通俗的语言来讲述企业的理念和文化，这样可以引发下属对企业文化的认同。

有个领导曾给下属讲了一堂关于产品质量的演讲，其中就借用了一个故事：一次，海尔电冰箱总厂厂长敏锐地发现企业产品存在缺陷，于是提出了“有缺陷的产品就是废品”的理念，这个理念却没有被员工真正接受和遵循。为了让大家能够真正地理解该理念，厂长果断地把一台有问题的冰箱砸毁，并亲手砸下了第一锤。

这样的故事就帮助大家理解和加深了记忆，对“品牌”和“饭碗”的关系有了切身的感受，更有了深刻的质量意识。事情已经过去多年，但在海尔甚至是整个企业界中，这个故事一直发挥着积极作用。

第三，可以通过讲“我们去哪”帮助下属描绘组织发展的宏伟蓝图。每个企业都有自己的理念、愿景、发展的蓝图，但是由于眼界、思考方式、思考角度、责任感的不同，领导和下属的认知始终不在一个平面上。领导即便有高瞻远瞩的思想，如果没有团队的力量，也将会一事无成；而下属如果没有人带领他们朝着正确的道路前进，那么他们的工作就是无价值和无意义的。这时候，就需要领导通过演讲，利用讲故事的方法，让下属明确企业发展的宏伟蓝图，并用简单、容易理解的语言告诉下属企业的追求和决心。此外，领导可以通过故事为处在困惑时期的下属指明方向，感染和激励他们继续奋斗。

这三类故事，其实都与企业及领导的价值观息息相关。每个领导都应该有几个这三类高度概括的故事，这样就更容易把每一个想听故事，想真正理解故事的下属聚集在一起，共同去努力实现企业发展的目标。

### 画龙点睛

领导要会讲故事。对于领导来说，不仅要有思想和价值观，能够传播自己的思想和价值观，而且还要把自己的思想和价值观编织成一则别人可以理解、认同、传颂的故事。故事不仅仅是一种传播自己价值观的工具，更是成为优秀领导者的基础。领导通过故事传递出的价值观，不仅可以让自己的思想更富感染力，还能和下属建立起信任的感情纽带，从而指引和激励员工努力奋进。

## 适时停顿，让演讲显得更有力度

你是否听过语速很快而且没有停顿的演讲？你听他们说话是不是都替他们捏一把汗，觉得他们会透不过气来？演讲的时候，有时就会出现这样的情况，当自己讲到兴奋点或者是特别顺口的时候，总是会不自觉地加快速度，想把自己的想法更充分地表达给听众。

但是，有经验的领导，在演讲的时候会利用声音的停顿来增强演讲的效果，他们习惯用不同的停顿方式来提升演讲的力度和情感。

停顿在演讲中的用途有很多：在每句话之间，在逻辑变化之间，在心理和情绪之间，在下属揣摩思考之间都是需要停顿的。据说，林肯在做演讲的时候，常常会在比较重要的话说出之前，突然做出停顿，环顾一圈下面的人，然后再把话说出来。停顿，是演讲中一个特别的技巧，更是领导表达自己情感的一种工具。

第一，停顿有利于控制会场的秩序。在演讲的时候，如果出现会场秩序不佳的情况，比如下属议论纷纷，这时候，领导可以适当地停顿一下，这样可以让下属快速地安静下来，达到控制会场的目的。

曾经有位新上任的领导上台演讲，下属中窃窃私语的比较多，于是新领导就说了一句："同事们，大家好。"然后就是长时间的停顿，下属觉得非常奇怪，慢慢都停止了讲话，接着会场静悄悄的，这时候，新领导才不慌不忙地说："刚才，作为新同事的我在台上一分钟没讲话，耽误了大家的时间，首先给大家说一声对不起。我想领导有领导的职业规范和要求，那么同事们是不是也应该有同事所要有的规范和要求呢？那么我们今天的演讲就以职业道德为题吧。"

话音一落，就响起了雷鸣般的掌声。值得注意的是，这种长时间的停顿是局势有失控倾向时，万不得已才采用的一种方法，在演讲中一定要少用。

第二，停顿有利于引起下属的好奇和注意。领导演讲的时候，说明道理之后，往往要跟随一个故事，用以引起下属的好奇和注意。这个时候，如果能够稍微停顿一下，一定会在最短的时间内引起下属的注意，有利于演讲继续进行。

第三，停顿有利于引起下属的思考和回味。当领导讲完一个动人的故事、陈述完某种精辟的见解或者发表一种观念之后，都应该稍微停顿一下，这样一方面可以告诉下属前面所讲的告一段落，一方面可以给下属一个思考和回味的空间，让下属与领导能产生共鸣。

第四，停顿有利于加深下属的理解和记忆。我们看书或者是写文章的时候，常常会用标点或者是段落来串联一整篇的文字，在演讲的时候也需要这样的串联。停顿是演讲中一段内容结束和一段话题开始的标志，适时停顿，可以加深下属的理解和记忆，同时方便下属再接受新的东西。

第五，停顿可以缓解现场气氛。当领导比较幽默，或者是讲到精彩的地方的时候，会场常常会笑声满堂，掌声大作，有时候还会伴随着议论声。这时候，领导可以适当地停顿一下，如果下属的掌声、议论声比较长，领导还可以双手朝下，轻轻按一按，等到笑声、掌声过去之后再做演讲。这样，不仅可以给下属留有余味，还能增加下属思索的空间，同时也是尊重下属的表现。

因此，演讲的过程中，停顿是必不可少的，也是非常重要的。它让演讲的氛围更加融洽，让演讲的内容更加完整，也让演讲更有力度。

一般来说，领导演讲的时候，可以有三种强化演讲的停顿方式。

第一是短停。短停可以持续半秒到两秒钟，经常运用于把自己所要讲述的两个观点隔开。在每一个观点结束的时候，领导可以停顿一下，然后用改变声音的语调来提示下属，自己马上将要展开一个新的观点。

第二种是自然停顿。这种停顿可以让自己的演讲听起来更舒服自然，领导也可以在自己想要强调的任何词或者句子之前做一个自然的停顿，这样能引起下属的注意，同时又不显得刻意。

第三种就是比较长的停顿。比较长的停顿是非常有力的停顿，一般时间会超过三秒钟。这样的停顿会使得下属认真思考你刚刚说过的话，或者是期待你之后的发言。

这几种停顿方式运用得当，可以使领导的演讲效果变得更出色，带动下属的情绪，给下属一个思考、体会和揣摩的余地，同时让你的表述更加充分，演讲更具力度。

## 画龙点睛

演讲的目的，不仅仅在于演讲本身的生动性，更要传达演讲者丰富的感情和认知的思考。如果整场演讲都是我说我的、你听你的，只用一种平板的语速和语调，那么就好像是在读稿子，不仅演讲者本人会觉得无精打采，听众也很快就会产生疲倦厌烦的心理。因此，一定要在演讲的时候加入停顿，适当的停顿可以让你的演讲张弛有度、抑扬顿挫且更有力度。

## 借助幽默，巧做结尾

演讲的结尾是整个演讲过程中非常重要的一部分，往往能起到画龙点睛的作用。很多演讲家都在追求一种最佳的演讲效果，他们希望自己的结尾能够“余音绕梁，三日不绝”。如果一个演讲者能在演讲即将结束的时候还能让听众保持热情和认真，那么可以说他的演讲技巧已经非常熟练。

有些企业的领导，在做演讲的时候，不太关注演讲的结尾，认为自己该说的都说完了，结尾如何并不重要，这样的想法是不正确的。如果领导能在演讲的结尾给双方都留下愉快美好的回忆，那么下属的执行力和责任心都会大不相同。如何才能让演讲更加圆满呢？不妨试试采用幽默的方式，巧做结尾。

第一，用幽默的语言结束演讲。幽默的语言可以分为造势、省略和概括。所谓造势，就是让本来平淡的演讲，突然达到高潮，这样的造势艺术，可以打破正常的演讲内容，出人意料，起到幽默的效果。

我国著名的作家老舍先生非常善于运用幽默这种方式。有一次，他参与了一个演讲。他在演讲中列举了自己要谈论的第一、第二、第三、第四、第五、第六条问题。他一个一个、有条不紊地讲了下去，当讲完第五个的时候，老舍先生突然发现时间不够用了，于是他灵机一动，提高嗓门，严肃地说：“第六条，散会。”听众愣了几秒钟，然后为这个幽默的结尾鼓起了掌。

其次是省略，是运用出人意料的方式让自己的演讲结尾别出心裁、引人入胜。

有位资历比较浅的领导对一次开幕式进行演讲，轮到他的时候，讲话的时间已经不多了，于是，他的演讲就成了这样："首先，我代表……对各位专家学者的到来表示热烈的欢迎。"掌声过后，他接着说："最后，我祝大会圆满成功。我的话讲完了。"

短短的两句话，一下子从"首先"，跳到了"最后"，省略了中间，非常具有幽默效果。

最后是概括，概括的结尾方式是简单概括演讲的每一个观点和主题，这样的结尾在凸显风趣幽默的同时，又再次点明主题，增强听众的记忆力。

第二，借助道具产生幽默效果结束演讲。借助道具，可以利用对比和双关的演讲技巧，产生幽默的效果。

鲁迅先生就曾经运用对比的方式，让演讲结尾变得幽默而精彩。他说："以上这些是我近年来对于美术界的观察所得出的几点意见，今天，我带来了一幅中国五千年文化的结晶，请大家欣赏。"大家纷纷伸出头，想要看看鲁迅先生带来了什么图，只见鲁迅先生把手伸进长袍，慢慢地拉出一卷纸，打开一看，原来是一张病态丑陋的月份牌，顿时全场哈哈大笑。

这样的道具与结束语对比鲜明，在表现幽默的同时，还能引发大家对这个话题的思考，非常巧妙。

第三，借助幽默动作来结束演讲。

诗人、文艺评论家詹姆斯·罗威尔在担任驻英大使的时候，曾经发表了一篇名为《餐后演讲》的即兴演说。结尾的时候，他讲了一个故事："美国一个卫理公会的牧师在一次布道的时候，讲了约书亚的故事。他是这样说的：'信徒们，太阳的运行方式有三种，第一种是向前或者说是径直的运动；第二种是后退或者说是向后的运动；第三种即在我们的经文中提到的——静止不动。'现场立即笑声一片。这时候，詹姆斯·罗威尔接着说："不知大家是否明白这个故事的真正寓意，今晚的餐后演讲，首先是要走径直方向，即太阳向前的运动；然后又要重复太阳向后的运动。最后，凭着自己良好的方向感，把自己带到中点。"边说着，詹姆斯·罗威尔边根据自己所说的内容在场地上走来走去。

这个演讲结尾赢得了大家的欢笑声。

由此可见，幽默是演讲中一项非常有利的秘密武器。幽默的结尾方式，不仅可以让整个演讲内容显得更有深度，语言更有力度，也会让效果更耐人寻味。

## 画龙点睛

要想让演讲给人留下深刻的印象，就必须在结尾的时候多做思考。演讲的幽默式结尾方法很多，而其中最主要的就是领导要具有幽默感，并且拥有能够在演讲的过程中，恰当把握演讲气氛和下属心态的能力，这样才能让自己的演讲完美收场。

# 第七章

# 把握关键：充分调动听众情绪

演讲并不是演讲者一个人的活动，而是包含了听众这个客体，所以在演讲的时候，一定不能忽略听众的重要性，演讲者必须从演讲的主题出发，结合具体的情况，针对此时此刻听众的心态，用多重的方式方法充分调动起听众的情绪，这样才能让演讲者真正地和听众产生共鸣，营造出和谐自然的现场气氛。

# 掷地有声地说出你的口号

一篇好的演讲，不仅要有精彩的开头和结尾，还要有掷地有声的口号，这样才能充分调动下属的情绪，激发下属的热情和创造力。

演讲时的口号就是口头呼喊出的有鼓动作用的简短的句子。可以说，口号在我国有着源远流长的历史。国家治国需要口号，新时代的企业，更需要口号。

联想集团的柳传志曾经做过一场演讲，在演讲中，他的九个字口号让人记忆犹新。当别人问到柳传志的管理思想的时候，他简单地说了一句："定战略，搭班子，带队伍。"

这样的口号显然有高度的概括性，它不仅简单、直观，而且朗朗上口，很容易让人记住。

一位企业高管到北大去给学生做一场演讲。演讲结束之后，有学生提出让这位高管对北大的景点做一个简单的描述。这位企业高管只用了一句话就描述了北大的景点："北大的景点在我看来是'一塌糊涂'。"听了他的话，学生都愣住了。这位高管微笑着告诉他们，自己说的是"一塔湖图"，塔是博雅塔，湖是未名湖，图是图书馆。听到这样的回答，学生们都哈哈大笑起来，印象自然是无比深刻。

任何企业的主体都是人，现代化的企业都是以人为本。在演讲的时候，需要用口号去鼓动的对象也是人。这就需要领导学会高度概括自己所要表达的内容的中心，既能够基于企业的宗旨，又能够传达企业的使命，而且还需要和下属的关注点息息相关。

领导演讲中所用到的口号，大多是反映企业文化或者是企业管理的主题和内容。领导要善于利用每一个演讲时机，用最简洁有力的语言归纳出企业的核心价值观、企业精神、企业宗旨，以及体现这些核心理念的各种信条。这么做一方面当然是为了在下属心中植入信条，让全体员工融会贯通，装入心中，落实到行动上。另一方面是在演讲的时候运用口号来落实管理，这主要表现在企业的各个部门、各个部分，提出警示、提出方法、明确要求，以达到领导的特定目的。

蒙牛的创始人牛根生非常善于演讲。听过他演讲的人，都会感受到他演讲有两个很鲜明的特点：感染力和煽动性非常强。每次开会的时候，他都会即兴喊出各种各样的口号，这还不够，为了让自己的口号能有影响力，他甚至会把自己喊出的口号打印下来，制成标语，挂在企业的各个部门。这些口号悬挂于企业的各个角落，也就在潜移默化中，让员工的思想和行为得到了规范，在工作中，无论员工出现任何问题，他们都能够从这些口号中找到答案。

总结口号，需要从以下几方面入手。

第一，口号一定要响亮，掷地有声。当领导演讲时，其实很大部分内容，下属是记不住的。只有高度概括性的句子或口号，才容易被下属所记住。因此，一个领导如果想要自己的影响力更大，就一定要在演讲的时候充分发挥口号的最大价值，让口号成为指引下属行动的指南。比如“回避现实的人，未来将更不理想”“人之所以能，是因为相信能”。这些都是很口语化的句子，非常好记。

第二，口号要强调团体的象征意义，而不是个人的奋斗。演讲中的口号，是说给大多数下属听的，所以口号要有一定的总结概括性，要讲整体，不要说个人。比如“一个疏忽百人忙，人人细心更顺畅”“上下沟通达共识，左右协调求进步”，就是强调团体，强调合作。

第三，口号要兼顾目标和实现方法。口号的目标之一，就是要具有指导性。这要求领导把自己的思想和观点高度浓缩，汇聚成一句简单的口号。“老毛病，要根治；小问题，要重视”“宁愿事前检查，不可事后返工”。这些都是在强调方法，强调动作。

第四，口号要关怀人性，考虑人的情感。如果想让口号更容易被下属记住，就一定要从人性的角度出发，从口号中体现出对人的情感。“原来生活可以更美的”“幸福巴士幸福路，公交服务公交情”。这样的口号以人为本，强调服务意识，强调人文关怀。

口号体现了一个领导的价值观及其思想体系。在演讲的过程中，一定要学会充分利用口号，这样可以帮助下属快速理解领导的意图，同时让下属对演讲的重点记忆犹新。

## 画龙点睛

演讲中的口号，是企业文化的标签，是听众具体行动的指南。更是一门聚集企业人心、凝聚企业士气、热情激荡的演讲艺术。可以说，口号是企业的文化、发展、理念，是企业一切经营活动的思想核心。因此，领导在演讲的时候，不妨充分发挥口号的魅力，让自己做到“语不惊人死不休”。

## 善用衔接语，实现无缝过渡

我们平时说话总是会用一些衔接的语言，让自己所说的话更加丰富和饱满。在演讲中当然也需要这样的衔接语。衔接是一场演讲中话语组织的纽带，同时，也是形成一篇演讲的重要手段，它的作用就在于组织整篇演讲，使演讲的语句更加连贯。

如果没有衔接语，那么我们听演讲的时候，会觉得演讲者的前后语句差别过大，意思突然不着调或者冷不丁就来个大转折，而导致听众听不懂、不理解。这种情况在讲话的过程中并不是偶然的现象。从人的思维来说，每个人思维的跳跃性和联想性都是非常丰富的，当自己说着这句话的时候，就可以从某个词、某句话、某个观点，瞬间联想和跳跃到另一个观点，而演讲的过程中，如果不在跳跃的两个观点之间加上一句衔接语，这种跳跃就会显得突兀，显得不友好。

领导在演讲的时候，尤其要注意避免这种前后不连贯的毛病，这样才能让自己的观点和想法快速而准确地传递到下属的耳中，从而减少更多下属不理解、听不懂的概率。如果想让自己的演讲更加顺利、衔接得更加通畅，就一定要善于运用衔接语，帮助演讲实现无缝过渡。

第一，巧妙使用过渡语。过渡语，是用来表明领导完成了一个思想观点后，而要继续演讲到下面一个思想观点所用的词语。这时的过渡语，既要总结自己已经完成的想法，更要延伸出接下来自己想要讲述的内容，比如我们常用的“既然……那么……”。

第二，展开内部预展。演讲中，除了用过渡语外，还可以使用内部预展的方法进行过渡。内部预展就是让下属了解演讲中所要接着往下谈的内容，如果说过渡语是概括的语言，那么内部预展就是比较详细的介绍，告诉大家稍后会讲什么内容。一般来说，内部预展会用在演讲的开头，起到对所要演讲的内容进行梳理的作用，这样下属会对演讲内容有基本的判断和了解。

第三，善于进行内部总结。内部总结，就是和内部预展相反的一种过渡方法，是归纳自己所讲过的内容。当领导刚刚讨论过一个比较复杂或者是很重要的观点之后，一般会用这种方法来帮助下属厘清思路，同时延伸到下一个观点上。

第四，善于运用一些提示语。提示语就是一些比较短小又简单的词组，提示语可以出现在所演讲到的位置，方便下属做分类的标记，我们最常用的提示语就是“第一……第二……第三……”。

在演讲的过程中，要实现无缝过渡，就一定要注意上面的这几种方法。衔接语中，最重要的就是词汇的衔接，词汇的衔接是非常独特的，在语言的连贯建构中发挥着举足轻重的作用，一句话是不是衔接语，判断的标准也是由是否有衔接词所决定的。

第一，衔接词应该风趣幽默。如果演讲的过程中，领导善于运用幽默风趣的方法，把发言像珠子一样，一个个串起来，这样就会让下属在笑声中逐步了解演讲的内容，从而提升演讲效果。

第二，衔接词要起到承上启下的作用。衔接词不仅要对上面的发言概括总结、画龙点睛、增强效果，更要对下面的发言做简单的介绍，渲染和鼓动下属。

第三，设计衔接词的注意事项。领导在设计衔接词时一定要注意几点，一是要了解情况，巧妙地做出安排。在演讲之前，一定要弄清演讲的具体内容，精心安排好演讲内容的次序，这样就可以把整篇演讲组织成起承转合的有机整体，使下属能够清晰明了地了解演讲层次、演讲的中心观点，心中留下完整的印象。二是要善于运用多种词汇。这样可以在演讲的时候信手拈来、出口成章。三是要随机应变，灵活串联各种衔接词。领导可以根据会场情况，挑选某一句精辟的话临场发挥，使得演讲的衔接变得妙趣横生。

## 画龙点睛

领导进行演讲时总是一个主题多种观点。在这样的演讲过程中，只有用衔接语进行过渡，才会让演讲不显得突兀。如果能够善于使用衔接语，你就能给下属带来富有层次变化的听觉盛宴，让下属产生共鸣。

# 用眼神调动听众的情绪

“人的眼睛会说话。当人们用眼睛说话的时候，它的灵巧度和舌头是一样的。眼睛的语言完全无需借助字典，是全世界都能理解的语言。”这是著名的演讲家爱默生说过的话。眼睛在演讲中非常重要，眼睛的动作和神态，能够表达几千甚至几万种含义。演讲者和听众之间的交流，很大程度上都是依靠目光的传递来实现的。

正是因为眼睛在演讲中有如此重要的作用，因此，领导在演讲的时候，也要学会善用眼睛，用眼神表达情绪，这样可以调动下属的情绪，使得演讲效果加倍。

第一，眼神可以展现风采。内在的涵养和外在的形象，都是可以通过眼神传递出来的，眼睛往往有很强的感染力，如果领导的眼睛神采奕奕、炯炯有神，那么他整个人给人的感觉就会是活力四射、吸引众人目光的。

一位领导在上台之前，情绪有些不稳定，但是她没有退缩，而是按照自己原定的计划和方案，快速地做好了调节，然后用平稳的步子走上了演讲台。她环顾全场，眼神中透漏出的是自信。“我是一个女人，在生活中有很多重要的事情，但我认为最重要的是我的事业，大家给予我的信任和支持，是一份沉甸甸的力量，是指引我一辈子为之努力奋斗的崇高事业！”伴随着简洁有力的开场白，她的目光透出坚毅，眼神和语言的搭配，把自己的热切愿望和真心诚意完全展示给下属，让下属感受到了她的亲切和坚强。

作为领导，在演讲时一定要善于用眼神释放心理压力，增强自信心。当你表达自己的决心时，你坚毅的目光能给人信心和力量，演讲才会更有吸引力。

第二，眼神可以调控现场。作为领导，每次演讲的内容都有可能是不同的，每次的场合、面对的听众、演讲的主题，也往往大相径庭。每一个听众或下属都是独立的个体，他们的心态复杂多变，素质也有高有低，这些不确定因素就导致了演讲的效果难以预料。

演讲的时候，很有可能会出现听众喧闹、打瞌睡、看报纸等情况，这都是正常的现象，但是作为领导一定要注意这种负面反应。负面反应的出现，说明在交流的过程中出现了障碍，如果领导听之任之、放任不管，那么这一场演讲就是做了无用功，白白浪费口舌不说，还无法取得好的效果。这种情况下，如果选择用眼神控制会场就会得到意料之外的效果。当下属很兴奋、激动的时候，领导可以用欣赏、感激的目光传达自己的态度；如果有下属与自己的观点相反，领导可以用理解、体谅的目光，对有相反观点的下属给予关注，肯定他们某些合理的诉求，这样就会充分调动起下属的情绪。

第三，用眼神增加活力。演讲者不仅仅需要语言来展现其独特的见解和个性，更需要眼神来帮助语言变得更加形象和生动，这样才会让演讲更具感染力。可以说，一段演讲不仅仅是文字的声音化，更是用眼神把下属带到自己丰富内心世界的具体过程，这一过程会让自己的思想多了一条可以传递的渠道，使演讲表现得更具磁性、有动感。眼神和语言结合起来，自然就提升了演讲的能力。

### 画龙点睛

巧妙地运用眼神，可以使自己的演讲深入人心，激发下属做出领导希望他们做出的反应。目光的力量无穷大，只有自己有演讲激情，目光饱含热情，才能让演讲散发出独特的魅力，最大程度地调动下属的情绪。

## 给你的演讲增加点“兴奋剂”

演讲的目的就是要引起思想上的共鸣，而演讲中最能赢得听众情感共鸣的就是演讲者自己的思想和观点。要想让演讲更有效果，那么，在演讲的过程中就要不断地增加一些“兴奋剂”。

所谓的“兴奋剂”，指的是在演讲的过程中那些富有激情的、容易引起下属高度重视的、能够强烈刺激下属的探知欲望、能产生强烈共鸣的词或者句子。在演讲的时候增加“兴奋剂”，不但能有效地引发听众展开深入的联想，更有利于领导增强演讲的自信，使演讲更加生动感人，并让下属跟随自己的思路一步步地深入下去，这样就能形成比较整体的良好效应。

正常来说，一篇演讲，在开头、中间和结尾处，都要加入一些“兴奋剂”。由于主题部分比较长，因此，可以多加入一些“兴奋剂”，这样可以使演讲的整个流程看起来更充分、收放自如。那么，领导在演讲的时候如何加入“兴奋剂”呢？

第一，用浓厚的情感留出掌声空间。掌声是演讲中体现听众反应的一个重要部分，掌声可以活跃会场气氛，给领导以自信，使之更认真地投入到演讲中去。掌声的调剂会使演讲产生强烈的现场感染力，因此，在演讲的时候一定要注意给掌声留出空间。如果要赢得下属的掌声，领导就需要在演讲的时候主动地运用一些充满激情、带有浓厚感情色彩的词汇、句子或是独特见解，给下属留下深刻的印象，引发他们思考，从而主动鼓掌。

第二，打破定势，学会标新立异。每个人都是有好奇心的，人们的好奇心如果能够被满足，整个人就会显得非常兴奋。在演讲中如果利用这一点来打破常规、标新立异，放入“兴奋剂”，那么整个演讲的效果一定会不错。为了使演讲更吸引下属，要在尊重文化传统和思维的情况下，对演讲必要地创新。领导在演讲的时候，一定不要用固有的思维和角度进行演讲，应该勇于创造，善于借鉴，这样可以使演讲更有趣，从而引起下属注意。

第三，利用名人名言满足下属心理。在演讲的过程中，如果领导可以按照演讲的内容，有计划、有目的地选取一些符合下属兴趣与兴奋点的事例、名言、名句，并把这些语言融入到整篇演讲中，让它们为自己的演讲增添色彩，就能快速地拉近领导和下属的心理距离，满足下属的心理需要。但是一定要注意，名人名句类的“兴奋剂”放入时，一定要讲究水到渠成、顺理成章，千万不要乱放，否则会显得很刻意。

第四，加大语言力度，提升兴奋程度。下属对演讲反应的大小，恰恰表明了下属对演讲的兴奋程度，这些在一定程度上可以受演讲语言的调配。演讲语言的强度，和领导对演讲内容的熟悉程度、对问题和观点的分析、立场的鲜明程度密切相关。演讲就是需要领导尽自己最大的努力把他感受到的，准确、清晰地传递给下属。

泰戈尔曾经有一次演讲，开头就说：“我年轻的朋友，我眼看着你们年轻的面目，闪亮着聪明与诚恳的志趣，但是我们中间却隔着年岁的距离。我已经到了黄昏的海边，你们却远远地站在那日出的家乡。”

这样的语言，具有高度的概括性，饱含着作者的思想情感和丰富的想象，语言精练，形象性强，具有鲜明的节奏感。这样的演讲方式必然会深入人心，提升听众的兴奋程度。

## 画龙点睛

一场演讲，如果无法让下属与你“同呼吸，共命运”，那么这场演讲就是僵死的演讲，是没有活力的演讲，自然也就无法取得好的效果；一场演讲，如果无法感化你的下属，那么这场演讲对于下属来说就是个“听天书”的过程，枯燥无味；一场演讲，如果从头到尾，没有一丝掌声，那么就是没有任何互动的“乱弹琴”。好的演讲，一定是领导和下属真正用心、用情绪的沟通。这要求领导全身心地投入，用自己的感情去演讲，用自己的思想去演讲，用自己的内心感化你的下属，让下属能体会到你所体会的、感受到你所感受的，真正从思想上和你融为一体。演讲，想要做到如此成功，就一定要记住，在适当的时候，给演讲加入一些“兴奋剂”。

## 演讲时，善用工具作为辅助

在演讲的时候，由于演讲者与听众之间认知的不同、知识积累的不同、思考方向的不同，双方很难达成共识。这时如果演讲者希望听众能尽快明白自己所讲的意思，就一定要借助工具帮助你组织、规划演讲思路，帮助你在演讲中充分调动下属的情绪。

第一，在看的方面：企业中常用的是使用 PPT，或者图片、文字来衬托自己所要演讲的主题。

首先，如果演讲需要，领导可以挂上醒目的条幅，以便在第一时间告知下属自己所要演讲的主题，这样就可以使下属一进场便形成一种演讲前的准备定势，并给予下属思考演讲主题和留意领导演讲内容的时间。

其次，在演讲的过程中，适当地加入 PPT、文字、图片，这样可以使演讲的内容更加清晰直观地呈现给下属，从而有效控制演讲的场面。而此类工具的使用也可以使整个演讲显得有声有色、活泼多样。

曾经有一位演讲者在一场关于骨质疏松的研讨会中，就是通过PPT展示了一组从50岁到80岁的妇女图片，以此表现人骨质疏松的变化过程；此外，还有一位金融家在说服他的听众要了解通货膨胀的趋势时，在演讲中使用了100美元分别在1940年、1950年、1980年、2004年的购买力的数据。

这样的展示方式，简单清晰，一目了然，听众会很快进入到你所为他们设定的情境中去。

不过，领导在选择视觉工具的时候，一定要注意选择和自己演讲的主题有关的工具；利用幻灯片、图片的时候，也要保证文字简洁精练、色彩搭配得宜，这样才可以达到直观、清晰的效果，从而更方便下属理解演讲主题。

最后，不要忘记演讲中，人们最直观关注到的，就是人的姿态、打扮、着装，在这方面适当地运用一些小工具可以增强自己的演讲气场。比如，用眼镜装饰一下脸形，会使得领导更具风采，特别是男性领导，如果能配上看起来耿直而有棱角的眼镜造型，就会衬托出自己坚韧、沉稳的气质，从而美化仪容。第一印象是演讲的关键，下属会根据自己看到的领导的形象在心里给出评价，这个评价是关系到下属是否会认真听演讲的关键，更是直接带动演讲效果的重要因素。

第二，演讲中除了看就是听。音乐是一种有规律的声波振动，可以提高大脑皮层的神经细胞的兴奋性，促进血液循环，加强新陈代谢。音乐不仅能作用于人的生理环境，也能对人的心理产生一定的影响。如果在演讲的时候，加入适合的背景音乐，就能使下属心态平和、宽容有度，从而更便于下属顺利地接受演讲内容。另外，有效的音乐会让下属与之同步振动，可以根据演讲的主题，选择一些适合的背景音乐，这样能给演讲带来不一样的效果。

第三，其他方面。其他方面包括“嗅觉”、“味觉”和“触感”，这一方面的工具在演讲中比较少见，但是在选取的时候一定要和演讲的主题、内容相配合，另外也要考虑下属的年龄，场地的配置等，否则就会适得其反。

对于演讲来说，如果只“讲”，而缺少“演”，那么这个演讲就是不完整的。所以作为领导，不仅仅要关注讲什么内容，还要考虑什么样的方式，配上什么样的演讲工具可以让自己的演讲看起来更完美、更具艺术性，从而使演讲本身更容易被下属所接受。

## 画龙点睛

对于演讲来说，只靠讲是远远不够的，还要提升演讲的整体效果。利用演讲工具来展现演讲的整体思路，效果往往事半功倍。演讲工具的加入，能有力地支持领导的观点，极大地增强领导讲话的专业性，同时，还简化了演讲本身的复杂性，使得演讲变得简明扼要，一目了然，下属也能快速产生联想和启发，提高理解能力。

## 背景材料让演讲更有深度

演讲这种形式，必须是在特定的背景下才能进行的，这就需要有背景材料的补充。所谓背景材料，就是指演讲所处的环境，又指与演讲者讲述的人物、事件，以及所要表达的主题相关的时间、地点、原因和条件。

背景材料包括生活环境、社会环境、时代氛围等。实际上，背景材料是演讲过程中必不可少的一种元素，它可以深化演讲主题，帮助听众更快了解事情的来龙去脉，从而加深其对演讲主题的理解。对于领导来说，适当地在演讲中加入背景材料是更好地宣传观点和思想的有效手段。在演讲中，一般会加入什么样的背景材料呢?

第一，背景材料可以是家庭背景、人生感悟。每个人的成长都和家庭的影响有关，家庭的影响可以促使一个人形成某种性格、某种价值观和人生观。因此，当领导在做演讲的时候，如果涉及利用自身的经历来激发下属的情况，可以加入家庭背景和人生感悟。这样不仅可以加深下属对演讲主题的理解，给下属留下深刻的印象，还对演讲的内容进行了丰富和补充，显示出演讲的厚度。

第二，背景材料可以是现实背景、社会原因。

作家汪先生曾在一篇题目为《知识为何没有力量》的演讲中这样讲道:“现代人，当自己在生活中遇到难题的时候，就很容易对‘知识就是力量’这句话产生怀疑，这其实是有原因的。”接着，他继续进行解释："前几天我在报纸上看到了一幅照片，一个要求放开异地高考的妈妈，手里拿着一张大纸，纸上写着'知识没有力量，户籍才有力量'。看到这样的情况，我很吃惊，随后又觉得悲哀，同样的学习环境、学习成绩，在这里可以上一个很好的学校，到了那里，却只能上个二流学校。户籍面前,知识一败涂地。现在有的大学毕业生，学习成绩很差，结果在找工作的时候，却能入职一家比较好的企业，而班里学习比他们好很多的孩子，却还在找工作的路上四处碰壁。"

在这些背景材料中，演讲者很形象地用自己看到的、感受到的现象和问题解释了为什么大家觉得知识没有力量。这样的背景一说出来，很容易就让听众明白其中的原因。演讲者又利用了一些标语和口号,补充解释为什么"知识没有力量",当真理和现实摆在一起，冲击力度非常大，听众也能够在背景材料的渲染中，感受到现象发生的原因和发展的趋势，从而引发听众深层次的思考。

第三，背景材料可以是历史背景、实质问题。当演讲者在叙述现实生活中的某一个社会现象时，如果能够提供一些相关的历史背景，就可以把对历史的回顾和对现实的思考有力地结合起来，给听众深刻的启发。

一次名为《敢于担当做"恶人"》的演讲中，演讲者就是利用了历史背景，给听众以启迪。他讲道："自古以来，就有'恶人'，有为了阻止纣王暴虐荒淫，在许多大臣纷纷逃亡别国的情况下，冒死当'恶人'，三天连续进谏的丞相比干；有指责皇帝过失的海瑞……当'恶人'需要的是一种胆量，一种精神和追求。"

这段话就是借古喻今，揭示问题的本质。

第四，背景材料可以是时代背景、思想内涵。时代的背景，是集中反映某一个特定时代的生活本质和社会发展的大环境。利用时代背景，不仅能有效解释演讲主题中所涉及的一些情况和现象出现的原因，更能深化演讲的思想内涵，给听众以正确的指导。

在演讲的过程中，领导要善于利用背景材料来帮助表达主题所代表的思想内涵。但是领导一定要注意，在表达主题需要的时候，一定要选择最具典型性和代表性的背景材料，这样才能让自己的演讲被下属接受，令自己的演讲听起来更饱满，更有深度。

### 画龙点睛

背景材料是演讲内容中不可缺少的一部分。若领导能够在演讲过程中更好地运用背景材料，不仅可以烘托、深化演讲的主题，揭示演讲的价值，提升演讲质量，丰富演讲的思想内涵，同时，还可以增强演讲的知识性和趣味性，让听众在听懂的基础上了解更多。

## 用“过渡”为演讲承上启下

在演讲中，过渡就是领导用来指引整个演讲进程的示意图，领导只有在示意图的准确引导下才能推进整个演讲，而下属也会根据示意图的指引按部就班地推进思路。一次演讲就好比是一场旅行，整个旅行是由很多景点组合起来的，这些景点一个接一个，要想完成整个旅行，就必须在每个景点间搭建出自己要走的路，而这些路，就是我们上面所说的过渡。领导的组织能力越强，进展也就越顺利，当自己能够轻松地运用演讲中的过渡时，自己的权威也就在员工中建立起来了。

第一，巧妙的过渡会给下属留下深刻的印象。

有一位演讲者在一次演讲中排在了最后一位，当他上台的时候，听众已经很疲惫了，表现出了不耐烦的情绪，这时候，这位演讲者突然发现墙上有一个大大的圆圈，于是即兴做了演讲过渡："每一篇演讲稿，无论是纸上的还是嘴上的，都应该有标点符号，今天，我就是这标点符号中的句号。"这个巧妙的过渡，让他马上就得到了听众雷鸣般的掌声。

有些人不觉得过渡非常重要，他们认为，只要开场白开得好，后面自然顺理成章。引人入胜的开场白固然重要，但是如果没有过渡的补充，思维的连贯性就会大打折扣，讲话也就缺少了逻辑性。

第二，在过渡时，可用的方法也逃不过语言、声音和动作这三种形式。这三种形式可以让你的讲话变得更有趣味性，更加具有活力和动感，同时还起到承前启后的作用。

语言。语言，是实实在在的词语，是过渡最主要的形式。一些常用的过渡词有：然而、但是、而且、所以……比如："今天的天气不太好，但是我们在教师这里看到了一片光明。教师就是这样，燃烧了自己，照亮了别人。”除了这些，还有一些句子也可以代表转折和过渡，比如：更重要的是、另一方面、这仅仅是一部分、另一个原因是……课文《伟大的友谊》中就有这样一个过渡段：生活上，恩格斯热情地帮助马克思，更重要的是，在共产主义事业上，他们互相帮助，相互关怀。

声音。声音本身就是一种思想的传递路径，演讲时，可以用声调、节奏和语气的变化来实现内容的过渡。当你的演讲进入重要的部分时，可以通过突然提高嗓音来达到吸引下属的目的；演讲内容比较难以理解的时候，也可以用减慢语速、弱化声音的方法娓娓道来，给下属留下思考的空间。

在传递声音的过程中效果最好的一种方式就是“反复”。这是通过声音的抑扬顿挫，使得下属的注意力时刻都保持在领导的身上。如果你的演讲一直音调很高，语速过快，气喘吁吁，就会降低自己的权威感；如果你的演讲一直声音低沉，语速缓慢，同样会让下属分不清演讲的主次，找不到演讲的主题。因此，一定要在演讲的重点部分加重声音的分量，这样才会让自己的观点更有力度。

动作。动作是下属都能看得到的传递方式，身体语言和声音的停顿配合起来，可以让你的过渡更有力，思维的递进更及时。在演讲的时候，领导不需要一成不变地站在讲台上，而是可以前后左右地移动自己的脚步，或者从站姿变成坐姿，从坐姿变成站姿，还可以使用任何有用的视觉道具。这些动作可以和声音的停顿搭配在一起使用。

一位演讲者是这样进行他的演讲的。他先是总结：“提问可以改变你的人生，我知道。”然后停顿，站起来，向前走了两步，再次说道：“因为它改变了我的人生。”

过渡在演讲的过程中非常重要，领导引导的途径越顺畅，过渡用得越自然，领导的观点就会表达得越有力度，同时下属的积极性也就会越高。

## 画龙点睛

在演讲中，过渡通常是把人物、思想、动作、声音完全融合在一起。如果想要自己的演讲更加清晰、穿透力更强，就一定要在讲话中搭起不同主题之间的“过渡”桥梁，让下属能够随着这个桥梁一路与你同行。有效的过渡，能够让你的下属知道你在做什么，更能够让下属知道，他们要如何配合你，而良好配合之下，演讲才会格外精彩。

# 第八章

# 充满气势：在听众中树立威信

演讲者的威信是听众经过演讲之后，在认知和感知以及责任感、联想力的提升中逐步完善的。这也是演讲逐渐成熟的标志。要想树立自己在听众中的威信，一定要注意在演讲的时候多利用听众的好奇心和期待，给听众一种归属感和亲近感，同时传输具有权威性的知识，这样才能让听众报以热情合作的态度。

## 气宇非凡，力求语惊四座

演讲的目的在于从道理上说服别人，领导如果要说服别人，不仅需要告诉别人你的目的，更要将自己的想法、意图用精心组织的语言说出来，只有说得透彻、说得清晰，对方才能更理解你的想法和意图，才能对你的要求和安排无法反驳，更无法拒绝。领导要想让自己的领导力达到最好的呈现，就一定要让自己在演讲时语惊四座。

第一，你的演讲要有气势。有气势并不是声音大，语速快，也不是指盛气凌人，而是从言语和思想上让对方臣服。有气势，首先指的是演讲的流畅性，把自己想说的材料，用有逻辑的思想、生动的语言、丰富的肢体动作表达出来。其次是说话要严谨，不能前面和后面联系不上。内容要连贯、丝丝入扣，不能有太多的破绽，更不能出现前后矛盾的情况。严谨、符合逻辑的语言，稳定的语速和语调，会让下属听起来有很舒服的感觉。而语言生动、娓娓道来，是吸引听众所必须具备的演讲能力，通过这种能力领导可以很自然地形成气势。

第二，领导的演讲要有权威性。领导想要从根本上说服下属，关键是要让自己的讲话更具权威性，这样下属才不得不听、不敢不听。要想让自己的语言更具说服力和权威性，可以在演讲的时候多引用一些名人名言，或者是权威人士的讲话。现在的人都有自己的个性，如果你执拗地要求他去相信一件事情，去做一件事情，而他因为没有自己的试验和理解，很有可能不会被说服。但是试着采取另外一种方法，列举某个非常有权威的人的例子，也许问题就很好解决了。

一篇论述“青少年的心理素质要扎实”的演讲中，演讲者就是引用了名人名言，用来阐述培养沉默性与坚定性的方法。他是这样说的：“如何培养沉默性与坚定性呢？黑格尔说必须‘要克制自己’；高尔基说‘哪怕对自己的一次小小克制，也会使人变得强而有力’；马卡连柯是苏联著名的教育家，他也曾说过：‘假如你的孩子仅仅受到实现自己愿望的训练，而没有受到放弃和克制自己的某种愿望的训练，他是不会有巨大的意志力的。没有制动器就不会有汽车。’这些都是我非常欣赏的言论，这些名人用自己的语言阐述了‘克制’的重要性。每个青少年就如同汽车一样，必须安装‘制动器’，得心应手地使用‘制动器’，才能自觉接受限制，才会获得真正的自由。”

这篇演讲中，演讲者就是巧妙地引用名人名言，对已有的理论做出了自己的理解和阐述，使得自己的观点因为名人名言而变得更具说服力，同时也增强了演讲者的权威性。

第三，领导的演讲，要善于分析事情发展结果的利弊。在很多情况下，人们往往容易被表面看到的事物所迷惑，从而在没有正确理论依据的情况下，盲目做出判断。领导在演讲的时候，要善于用发展的眼光看问题，帮助下属分析事物发展的趋势和规律，用结果的利弊说服下属，帮助下属做出正确的选择。这样的演讲，会使你很快在下属中树立起威信。

当初美国在推广核电站的时候，曾发生了一场激烈的争论。一些专家认为核电站是廉价而又安全的发电方法，另一些专家则持反对意见，认为一旦出事故，后果不堪设想。就连社会上的民众也因为担心建核电站会出现事故而站在反对者一边。面对这样的情况，认为该建立核电站的专家调整了方法，不从理论上进行辩论，而是利用了一系列的数字说明问题：假设核电站 100 年发生一次事故，当场死亡及因核电泄漏引起的死亡人数大概是 3 万人。即便是这个数字，也比相同时间燃煤发电所造成的死亡人数要少。比如发 1000 亿瓦特的电，核电站只需要两个人，而燃煤发电则需要 179 人。通过这些对比，核电发电的优势远远大于燃煤发电。于是公众转而赞成建核电站。核电站终于建立起来了。

这一篇向听众论述核电站发展价值的演讲，就是用对比的论证方法，分析不同选择的结果利弊，得出了核电发电更为优越的结论。这样的论证方法比较容易被听众所接受。

演讲是一门艺术。很多时候，一个信息传递得是否成功，和这个信息内在的含金量大小并无直接关系，而是演讲者个人魅力的最直接展示。气宇非凡的演讲者，往往更能语惊四座，树立起自己在听众心中的威信。

### 画龙点睛

一个人要想成为领导，外在的能力、实力、经验固然重要，但是一些无形的东西也非常重要。领导要让自己气宇非凡，让自己更具威信，就一定要善于利用自己的演讲。用自己的语言，给人赞美、给人支持、给人信心、给人力量、给人智慧。只有这样，你的演讲才会语惊四座，让下属信服。

## 杜绝口头禅，将说话效果放大

有的领导喜欢演讲、善于演讲，但是在演讲的时候，经常会出现一些口头禅，大大破坏了演讲的效果。领导在演讲的时候，如果总是加入口头禅，便可能把短短的一句话分割得支离破碎，让人听起来别扭。不仅如此，在不恰当的地方加入口头禅，也常常会引起下属的哄笑，这不仅使演讲所要表达的效果大打折扣，也不利于建立自我威信。口头禅是一种干扰素，干扰了正常演讲中的有用信息，听了让人心烦。在社交场合，口头禅的使用，会大大地降低表达的效果。因此，领导一定要注意这点。

有的领导看到这里会觉得很苦闷：我就是有口头禅，怎么改呢？在这里，我们提供几种改正口头禅的方法，以供大家参考。

第一，默念法。出现口头禅有一个重要的原因，就是对所说的内容不够熟练。有些领导讲完上句时已经忘了下句，这时候，他们便会用“嗯……”“啊……”“这个……”等口头禅来争取一些思考的余地，边说自己熟悉的语言，边想下句该说什么。如果想要纠正此类因遗忘而导致的失误，可以把当众说出口头禅改为默念口头禅，同时提前对演讲内容多加熟悉，只要演讲的内容熟练，就能减少或不出现口头禅。

第二，朗读法。演讲的时候，如果口头禅频繁地出现，那就是在整个思维过程中语言的连贯性不够好。如果自己的语言流畅、想法连贯、反应机敏，就不会出现口头禅。此时，领导可以练习朗读法，多读一读语言大师的文章，这样就可以用规范的语言来改善自己的语言。

第三，耳嘴配合法。如果想要让自己的演讲中没有口头禅出现，还有一个方法就是多向播音员、主持人学习。具体的方法是，当收音机里的播音员或者是主持人在主持的时候，用耳嘴配合的方法，边听边轻声地跟着说，时间长了，你就会惊讶地发现自己的口语精练了很多，口头禅越来越少，甚至自己的普通话水平也会提高。

第四，降低语速法。领导如果想要让自己演讲的时候更顺畅，口头禅出现得更少，就要在一段时间内，尽可能地放慢语速，在演讲的时候给自己思考的空间，以养成从容不迫的习惯，时间久了，习惯之后，自然可以克服爱说口头禅的毛病。

第五，监督帮助法。有口头禅的领导如果想要改掉自己的毛病，就一定不要隐藏自己，要努力寻找外援，让别人帮助你、监督你，早日克服口头禅。

第六，录音检验法。口头禅被认为是不良的说话习惯，特别是当领导在演讲的时候，频繁说些“嗯”“啊”“你知道”等与演讲毫无关系的话的时候，一定会干扰下属的聆听。此类口头禅常常是在领导进行观点或者概念转化的时候出现，可以通过下面的方法进行克服：首先要明确口头禅对自己的影响有多大，然后利用录音机，把自己的演讲录下来，回去一遍遍地听、记录和检查，也可以让别人帮你听。经常采用这种方法，可以让你在进行概念转化的时候有所预防，演讲自然就会更加顺利。

演讲的时候，语言的连贯性非常重要，而太频繁的口头禅势必会打断语言的连贯性，所以在演讲的时候，一定要杜绝口头禅。

### 画龙点睛

很多人说，口头禅是语言的肿瘤。口头禅会影响听众的情绪，削弱演讲的效果。它的反复出现，本身就破坏了语言的结构，使得语言前后不同，演讲也变得支离破碎。所以在演讲的时候，领导一定要尽可能地避免口头禅，从而放大演讲效果。

## 以事实例证为依据，演讲更让人信服

“夫立言要在于有物。”每个人说话不能凭空瞎说，而应该以事实例证为依据。在演讲中，更要如此。如果一篇演讲中，有非常好的思想观点，但是缺乏具体的事实例证作为补充，那么再有意义的思想和道理，也将变得一钱不值。

领导在演讲的时候，引用的事例在精，而不在多。精心选择的典型事例，才能说明观点，阐发道理，从而深化演讲的主题。事实例证是演讲的“血和肉”，是演讲的基础。有了它，演讲才言之有物。领导在演讲的时候，要善于运用事实例证来让自己的演讲更加充分、更具信服力。在这过程中，如果想让自己的事实或故事讲得更精彩、更能感染听众，就需要做到以下几点。

第一，利用细节丰富你的事例。你所讲的事例，一定要用很多细节来辅助，让事例更加饱满，这样会给下属立体感。下属可以从多方面考量和思索，并从事例中找到自己感兴趣的部分加以联想。

第二，进入角色，增加真实感。演讲，不仅要讲，更要演。领导演讲，就一定要进入角色，如果你不进入角色，下属又怎么会跟着你一起进入角色呢？演讲就是一边表演，一边讲话，光表演还不行，还要运用语气、肢体语言进行演绎和升华，这些都是属于演的部分。而讲，即要摆事实、讲道理。二者结合在一起，就是演讲。

第三，增加互动，让下属感同身受。领导想让自己的思想更好地传播给员工，就一定要注意不要“一言堂”，自己说完了就算完。从头到尾，领导都要和下属有所互动。自己讲一讲，给下属一些讨论的时间，听听下属的意见，有了互动，演讲中所用的事例效果就会被放大，演讲的说服力就会增强。

第四，总结提炼，说出自己的感悟。最后，要启发大家有所思考，通过这样的一个事例，究竟学到了什么？认识到了什么？从事例中，是否找到了自己所欠缺的？下属只有有所触动，有所启发，才会有恍然大悟的感觉，才能真正地进入思考和创造，才会寻找新的途径去工作。这其实就是在借力。领导借助于事例，让自己的演讲更具感染力。

想要做到"以事实例证为依据"，在平日里，领导就一定要善于挖掘自己生命中身体力行的东西、有影响力的东西，并把这样的素材做好记录。只有真正地深受其益，才能用最深刻的语言讲述出来，这样的事例，必然是声情并茂，让人深信不疑的。

**画龙点睛**

事实例证，其实就是能够被证实的声明，它既是来自第三方的信息，同时是通过领导自身观察所获得的。事实例证能为领导的观点增加分量，并表明领导演讲的客观性。如果领导演讲中，缺乏事实依据，信口开河，就会逐渐丧失自己的信用，演讲也就毫无信服力可言。

## 赞扬，构建良好沟通模式

我国古代著名的思想家、教育家墨子，最擅长教育学生的手段是批评，即便是自己最得意的弟子耕柱也不例外。一次，墨子又批评了耕柱。耕柱很沮丧，问墨子："老师，我是不是一无是处？"墨子反问道："假如我要爬山，是驾牛车还是驾马车？""当然是驾马车。"耕柱不假思索地回答。墨子看着耕柱，告诉他："我知道你是一匹良马，因此，才要不断地被责骂和修正，这样才能在以后担当起重任。"

同样是老师，孔子却不喜欢用批评的方法教育弟子，他喜欢用表扬的方法。他有个得意的弟子颜回，就经常能得到孔子的表扬。孔子赞美他的品德："颜回，是个贤人，即便只有一碗饭，一碗汤，人很穷，住很简陋的房子，别人也许无法忍受这种困境，但是颜回，却能乐在其中。真是个贤人。"

两种教育方式，一种是批评，一种是表扬，墨子的批评会让自己的学生觉得自己一无是处；孔子的赞扬却让别人都知道了自己学生的美好品德。

在企业中，领导和下属之间的关系就好比是孔子、墨子和学生的关系，领导的批评或者赞美，在一定程度上都会影响下属。领导该从哪些方面赞扬下属呢？

第一，从称谓上赞扬下属。领导和下属进行沟通的第一环节就是称呼的问题，有些领导喜欢用"同志们""同事们""朋友们"这些称呼，这些称呼没有什么错误，但是却显得极为平常。如果能运用一些别开生面的称呼，并能从称呼中赞扬下属，便可以达到从张嘴的那一刻就直接拉近了自己和下属的心理距离。

有位演讲者受邀对农业科技研究者发表演讲。上台的那一刻，他就亲切地称呼："绿色生命的保护神们，你们好。"一句话，别具匠心地赞扬了农业科技研究者的工作，很快就拉近了与听众的心理距离，掌声雷动。

第二，从地域上赞扬下属。每个人都有一种故乡情结，如果在演讲的时候，适当地赞扬一下下属的家乡，那么在下属的心里，这就是在赞扬自己，这样做，可以唤起下属的自豪感，接下来的良性沟通就显得更为顺理成章了。

一位演讲者到吉林省一所大学做演讲的时候，一上台就这样说道："今天，有幸应邀来到贵校做演讲，我特别高兴。因为在我的心里吉林省人杰地灵，不仅有人参、鹿茸等珍贵的物产，有闻名天下的雾凇奇观，而且，这里出了很多的演讲家，是新中国演讲事业的发源地。"

短短的几句话，表现出演讲者发自肺腑的赞美，且语言生动形象，一瞬间就能激发起听众的自豪感，听众与演讲者之间，很快就形成了一种强烈的情感共鸣。

第三，从学识上赞扬下属。如果领导能够在演讲的过程中放低姿态，真诚地从学识上赞扬下属，就不仅可以满足下属的自尊心，而且能够缩短领导和下属之间的心理距离，使得下属更愿意关注演讲内容。

著名的学者钱锺书很早之前，在日本早稻田大学做了一次演讲，开场白是这样说的："到日本来讲学，其实是很大胆的举动。就算一个中国学者到这里来，讲的是自己国家的学问，也得必须有胆量才行。理由很简单，日本对中国的文化了解得很透彻，这是世界都公认的，很多的中国学者也都满心钦佩和虚心采用你们的成果，他们深刻地知道，要向各位宣传一些比较新鲜的东西，其实不是很容易。我不会日语，面对贵国汉学研究的丰富宝库，我就像是一个穷光蛋，只好眼睁睁地盯着保险箱发呆。”

这篇演讲，钱锺书先生用了非常生动幽默的语言，真诚地赞扬了日本汉字学家的成就，表达了自己的敬意，并放低了姿态，体现了自己的谦虚，这样的做法让在场的听众很是感动。

第四，从教养上赞扬下属。领导在演讲中，从教养上赞扬下属，实际上就是把下属放置于一种道德的制高点上，这样可以帮助下属审视自己的教养水平，并能够做到严于律己、不断进步，这样的演讲本身就具有教育功能。

有一次，一家歌舞团的几位年轻演员到长春演出，入场之后，很多观众发现这些演员并不出名，于是就很不高兴。这时候，一位年轻的女演员走上台，即兴发表了一场演讲。她是这样说的：“我早就盼望有一天能来到你们这个美丽的城市，领略一下你们美好的象征——君子兰的风采。来了之后，我果然发现这花特别典雅。同时，我发现长春人都很像君子兰，文质彬彬的。我非常高兴能为大家演出。”

几句话下来，听众的心里就觉得特别舒坦，心理得到了满足，双方的距离就一下子缩短了。

想要通过赞美实现良性沟通，领导就一定要在演讲中，放下居高临下的架子，用真诚的内心，拉近和下属之间的距离。

### 画龙点睛

现代的心理学研究告诉我们，无论是谁，都希望自己能够获得别人的赞扬，这是大众化的心理需求。领导在演讲的过程中，如果尝试针对不同的对象及场合，真正从内心发现下属的优点，赞扬他们，就不仅可以满足下属的自尊心，还能激发下属的成就感。更重要的是，下属会更乐于亲近自己，为上下级建设性互动奠定坚实的基础。实现了与下属的良性沟通，下属接受起自己的演讲内容也就更容易了。

## 唤起听众共鸣，取得最佳演讲效果

我们都听过一句话：人非草木，孰能无情。每个人都是有情感的。情感就仿佛是一种强大的能量，是人类认识世界和改造世界的推力。演讲活动本身并不是理性的活动，如果想要唤起下属的共鸣，讲道理是没有用的，只有加入情感的说理，才能被下属接受，取得最佳的演讲效果。

领导在和下属的演讲中，一定要高度重视情感的作用，要有意识地寻求一些演讲中大家比较关注的“动情点”。用情感的力量去打动下属、感染下属，才能给下属以力量和激情。有了这些作为铺垫，就很容易唤起下属的共鸣，把下属带到一个情感和理性相互交织的崇高的精神境界，这样的潜移默化，定能取得最佳的演讲效果。

如何才能快速抓住下属的“动情点”，唤起下属的共鸣呢？

第一，可以从典型人物出发。在演讲中，如果加入了过多煽情的成分，那么演讲就显得比较虚，缺少真实感。领导在演讲的时候，表达情感最好要有所依托。以现实生活中的典型人物为出发点，以人的情感为铺垫，这样才可以有效地唤起下属的情感共鸣。

某位著名的相声演员在给一位乡村民办教师颁奖的时候，就运用了这一点。这位民办教师陆老师从小残疾，无法正常站立，从二十岁开始，他就开始了跪着授课的教书生涯，他的事迹最终感动了整个中国，并成为当年“感动中国”人物之一。这位相声演员在给他颁奖的时候，先是“咚”的一声跪了下来，说：“当我知道要给您颁奖的时候，我满脑子就出现了一件事。您跪着给孩子讲了三十多年的课，今天，该我给您跪。”相声演员跪下来的动作和满含深情的语言，代表了所有的人、感动了所有的人。在这里，相声演员就是运用了“动情点”，触动了听众的心，用感人肺腑的语言，激发了听众对老师的尊重，唤起了听众的情感共鸣。

第二，运用典型事例作为“动情点”。在演讲的时候，如果领导能够把浓郁的情感放入典型的事例中去描述，从事引出情、融情于事，这样就能使演讲者所要表达的情感有所依托，使得听众直观感知，从而引起听众共鸣。

一位解放军演讲《龙骨军魂》时即运用了此法。“当你登上昆明开往成都的列车，往西北方向行驶200多公里的时候，会路过一条长2400多米，用37根擎天大柱支撑起来的大桥，这个桥就叫‘龙骨甸大桥’。当初为了修这座大桥，16名铁道兵战士被埋在了塌方的隧道中，在浇铸17号桥墩的时候，一位只有19岁的年轻战士，跌入了30多米深的桥墩框里，但是他的遗体无法取出，于是，全体官兵围在桥墩旁，向这位战士敬了最后一个军礼，然后，把他的遗体和大桥，紧紧地浇铸在了一起。”这个故事演讲者讲得惊心动魄、感动人心，他叙述战士崇高的牺牲精神所铸成的“龙骨军魂”，并以此为“动情点”，深深地打动了听众，引起了听众的情感共鸣，使每一个听到的人都为之动容，思想得到了升华。

第三，运用典型情景作为“动情点”。在演讲的时候，领导还可以借助某些典型的情景作为突出主题的要素，进行渲染。这样从景到情、从情到景，更能打动下属，引起下属的情感共鸣，使得他们对演讲的主题产生更深的印象。

第四，运用典型物品作为“动情点”。演讲中，典型的物品，也可以用作表达情感的“动情点”。从物到情，形象更为直观，很容易唤起下属的情感共鸣。

某解放军战士在一场《拼搏——永恒的旋律》的演讲中，拿出了一个小铜盒，这样说道：“这个小铜盒，跟随我有五年了，它不仅使我改变了自己的命运，更让我明白了自己的肩上有着千斤的重担。你们想知道这个盒子里面是什么吗？”边说着，他边从小铜盒里拿出一张条幅，上面写着血红的四个大字：血拼到底。他接着说："这是我和战友当年在修建青藏公路的时候，用鲜血写的誓言，这个誓言，体现了战士们的坚强意志，它就像一面旗帜，永远指引着我们前进。"

这个演讲中，演讲者用小铜盒唤起了听众的情感，用战士奋斗拼搏的豪情壮志，使得听众为之动容和深受鼓舞，唤起了听众的情感共鸣。

总之，领导要想唤起听众共鸣，取得最佳的演讲效果，就一定要根据演讲内容的不同、形式的不同、语境的不同，选择适当的方法，对下属进行心理激发，征服下属，引起共鸣。

### 画龙点睛

在演讲的时候，领导能否唤起听众的情感共鸣，是决定演讲是否能取得最佳效果的重要因素。领导自身一定要从情感上先进入角色，善于抓住典型的人、事、景、物作为契机，这样才能有效激发下属的情感体验，引起下属共鸣，从而取得最佳的演讲效果。

## 把握节奏，巧妙掌控演讲走向

"谓如风行水上，自然成文"是古人在写文章时提倡的一种方式。这是说，写文章要很自然地写成，而不要刻意和造作。一篇成功的演讲也是如此，如果平铺直叙，没有跌宕起伏，就会给人一种乏味的感觉；如果持续不断，一鼓作气，又会让人喘不过气来。因此，在演讲的时候，一定要把握好节奏。演讲内容不要平淡无奇，而应该追求一种波澜起伏的状态，只有时而轻松、时而严肃，这样张弛有度的演讲才能够潜移默化地引导和感染听众，巧妙地掌握演讲的走向。

在演讲的节奏上，要根据下属的心理特点，做到明快、适度。在内容的衔接上，也要前后呼应，内容层次丰富，这样才可以让自己的演讲快速吸引下属的注意力。

如何才能掌握好演讲的节奏，让自己的演讲水平更进一步呢？

第一，用自己熟悉的事物作为主题。心中想到的情感，在说话时也就不知不觉流露出来。如果在演讲之前做一些充分的准备，可以让自己的演讲节奏更加清晰、脉络更加清楚，而讲述自己熟悉的事情，可以大大增强自己的自信心。这样的讲话方式，会使得领导的整个身心都投入到演讲的境界中去，让人有更大的激情去讲。

第二，演讲的时候，注意说话的速度也是把握节奏的一个方向。在语言的交流过程中，讲话的快慢直接和传递信息的效果相辅相成、不可分割，如果领导的讲话速度太快，而自己所说的东西并不是下属所喜闻乐见的，那么很有可能发生的一种情况是，下属还没有听明白你说的是什么，你的演讲就已经结束了。如果下属听不懂、听不清楚，自然就会没有兴趣，也会影响演讲的效果。具体地说，演讲的节奏分为轻快型、持重型、紧凑型、舒缓型、复杂型和单纯型。

其中，轻快型适用于比较友好和快乐的场合，比如宴会祝词、友好访问、年会等场合都可以用这些语调轻松、明快的演讲方式：

“在这辞旧迎新的日子里，我们迎来了每年一次的……我心情特别激动，而且非常荣幸能够在这里发言。”“亲爱的员工同志们，大家下午好，今天我怀着无比高兴和感恩的心情，把大家召集在一起……”

持重型更适合比较正式的场合，比如工作报告可以用这种态度严谨、逻辑清晰的演讲方式：

“今天在这里召开的……会议，我觉得十分必要，这对于……工作的开展，具有指导意义。”

紧凑型用于比较紧张的情况下，比如动员报告可以用有递进关系，且节奏紧凑的演讲方式：

“同志们，在这个会场，我们已经举行了今年的前三季度生产动员大会，提出了‘争分夺秒，完成任务’的口号，今天我们再次来到这里，既是对最后一季度的生产进行动员，也是对前三季度的工作进行总结……”

舒缓型适合于授课阶段。比如企业培训适合用节奏非常舒缓，娓娓道来，引人入胜的演讲方式：

“今天我来到这里，就是抱着学习和交流的目的，和大家一起谈谈企业员工的培训问题。”

复杂型和单纯型分别运用于比较复杂、费事较长的演讲和简短的演讲中。

第三，演讲的时候，对下属的应对速度也是把握节奏的一部分。

对下属讲话的应对非常重要。有效的沟通就是你说你的意见、我说我的理由。如果只是领导在台上滔滔不绝，那么这个沟通就只能是单方面的信息传递。只有双方都发表自己的意见，最终达成统一，这才叫有效沟通。在领导讲话的时候，一定要给予下属提问的时间，而自己应对得慢了，就会让下属觉得领导不关心、不尊重自己。所以一定要在下属讲完自己的问题或观点之后对他的观点发表看法，这就是一个回应与交流的好时机。

在交流的过程中一定要注意，让自己的语速保持稳定，千万不要因为紧张出现回答不出来的现象，这样才能显示领导个人控制整个演讲的进程和节奏的能力。

第四，快速的讲话也能控制演讲的节奏。当讲话迅速的时候，自己的注意力就会更加集中，说话的流利程度就会提高，同时，因为集中注意力，所以就能获得更加透彻的理解。

掌握好说话的节奏，不仅可以巧妙地引导演讲的走向，更能让领导说话完整、有条理，让演讲像弓箭一样有张力，像小溪一样缓缓地滋润下属的内心。

## 画龙点睛

一个语无伦次、前言不搭后语的人，是无法胜任自己的工作的。只有通过有节奏的演讲，让你的同事、下属更加深层次地了解你，大家才能信任你，你才有机会实现自己更远大的抱负，才有可能让自己的事业熠熠生辉。

# 第九章

# 坚定信念：充满自信才能战无不胜

演讲是一种高级，且富有审美价值的艺术表现形式。但在演讲的时候，也有最忌讳的事。演讲时最忌讳不敢说、害怕说。害怕，是演讲时最大的心理障碍。一个好的演讲者一定是自信的、有信念的，这种信念是战胜困难、排除干扰、把握时机、打开局面、做出决策和树立领导威望的一个非常重要的心理优势。领导只有敢于面对听众，敢于讲自己想讲的、说自己所说的，才能在演讲的时候拿出最好的心态面对自己、超越自己，才能战无不胜，带领听众完成一场声势浩大的听觉盛宴。

# 你的气场决定了你的表现

经常听别人演讲的人会发现：有些人的演讲精彩绝伦，让你不想漏掉他的任何一句话，他所说的每句话听起来都那么有气势，让人信服；有的人做演讲，却总是令人昏昏欲睡。之所以会出现这种情况，就是每个人的气场不同所引起的演讲效果的不同。

一个人的气场不仅和他的语言能力有关，也和他的整体气质有关。如果一个人的气质很好，外表看起来干练、精神，举手投足都能感受到这个人的修养和道德。那么不用说他人就知道，这是一个气场很好的人，处理事务一定条理分别、绰有余裕；相反，如果一个人的气场不好，则表现为萎靡不振、做事情磨唧，总是听到他满嘴的抱怨，这样的人，往往干什么都不顺利。

气场在领导的演讲中就更为重要了。它是一种神奇的吸引力，仿佛有魔法一般聚集了大量的能量，让下属的目光总是被你所吸引，无论你做什么，都能引起大家的关注。演讲的气势是领导的演讲内容和表达形式相互融合而显露出来的一种气度和神韵，它虽然不是实物，看不见，摸不着，却像空气一样环绕在我们周围，使演讲体现出强大的气势和吸引力，并以此打动下属，震撼下属的内心，让下属对领导所讲的道理信服，并坚定不移地贯彻执行。如何获得强大的气场呢？

第一，强大的演讲气场需要理直气壮。演讲的气场应该是力量的体现。这其实就是一种独特的见解和深邃的思想，所阐述的观点也是有独创性且深刻的。有理有据，说话自然有力度。

第二，强大的演讲气场需要情真意切。如果领导只是滔滔不绝地讲，下属不一定会好好地听，认真地思考。但是如果在演讲的过程中加入情感，效果就会不一样了。情感是演讲艺术的灵魂，也是演讲气场的重要组成部分。只有用正能量、用真挚情感去抒发，去敲击，才能叩开下属的心扉，才能让自己的演讲产生征服人心、震撼下属灵魂的演讲效应。因此，在演讲的时候，领导一定要注意自己情感的表述，让情感的发挥既有深度，又有广度，这样才能激起下属情感上的波澜，使台上和台下形成和谐、自然、情达理通的演讲气场。

第三，强大的演讲气场需要精湛的技术作为支撑。演讲中，有理有据、有感情，这还远远不够，强大的气场还需要演讲技术的补充。领导在演讲的时候，如果清晰流畅，层层推进，内容丰富充实，感情表达充分，那么他的演讲气场就非常强大。气场，其实就是领导在思想、文化、情感和艺术上的综合反映。只有拥有雄厚的知识储备，较高的思想认识水平，掌握时代的脉搏，对企业发展和社会发展有着自身的理解，领导才能对事物做出全面深刻的阐述。

演讲气场是领导个人魅力的最好展示，它不仅决定了领导演讲时的表现，更是领导影响力的一种体现方式。如果要打造高端的个人演讲魅力，练就高水平的演讲方式，作为领导的你，一定要从修炼气场开始。

### 画龙点睛

领导的气场，指的是领导的性格、言行举止与环境相互影响而形成的个人魅力。如果领导缺少威信、缺少令人信服的气场，那么演讲就会一塌糊涂。领导要想管理员工，就必须借助威信，借助自身的气场。可以说，气场是领导身上的光芒，失去了它，领导个人即便再优秀，在下属的眼中也会一无是处、黯淡无光。

## 提升演讲气场需要学会的几个法则

很多人会发现，在公开演讲的过程中时时都能使用适当的言辞，并不是一件很容易的事。有些领导总是会在演讲的时候用一些听起来冗长、啰嗦的词汇，比如“我原来只是认为”“我们或许可以这样”这样的表达会使得自己的气场大打折扣。领导要有威信，如果太过于谦虚，自己的威信就会荡然无存。

要想提升自己的演讲气场，就一定要想办法把不恰当的言辞改掉。而改掉这些言辞的法则只有一条，就是要让自己的演讲听起来更有力度。更有力度的语言有助于信息的传递，更能提升自己的演讲气场。

如果想要做到这些，就一定要学会几个法则。

第一，演讲的时候，不要说“错”，而要说“不对”。当你针对某个下属所犯的错误进行纠正和补救的时候，这样的语言就较为适用。

例如，一位下属因为不小心把水洒在了项目书上，惹恼了客户，影响了合作进行。这时候，如果你说：“这事是你错了，你要承担责任。”那么下属很有可能会觉得没面子；而你的目的只是调和双方的矛盾，避免争端，如果你把态度表达得委婉一些，实事求是地说明你的理由，比如说：“这件事你确实有做得不对的地方，你最好能为此承担责任。”这样的语言就好很多。

第二，演讲的时候，不要说“老实说”这样的词。如果在公司会议的时候，大家都在对各种建议进行讨论，轮到你的时候，你说：“老实说，我觉得……”这本来是展现自己诚意的语言，但是因为你是领导的身份，就显得有些刻意，所以最好把“老实说”去掉。

第三，演讲的时候，多说“已经”，不要说“首先”。

如果你的上级需要你汇报一项工作的进展时，你对上级说：“我首先要熟悉一下这项工作。”你的上级会觉得你还有很多事情要做，而不会觉得你已经完成了一些事情。这样的讲话会让人觉得不够乐观，想想看，如果你说：“是的，我已经相当熟悉这项工作了。”是不是更让人舒服呢？

第四，演讲的时候，不要说“仅仅”这样的词。当你的下属提出一条建议，并对你说：“这仅仅是我的一个建议。”你会有什么感受？这样的语言，会不会让你觉得自己的下属并没有尽自己最大的努力来做事情？如果你能意识到这种不合适，那么请你也一定要改掉这样的语言，这样的语言出自你的嘴里也同样会让下属觉得你自信心不足。你最好直截了当地说："这是我的建议。"

第五，演讲的时候，多说"而且"，少说"但是"。

当你在会议期间表扬一位下属的好想法时，如果你说："你这个想法很好，但是你必须……"这种命令式的语言就会使得本来深受下属爱戴的你的形象大打折扣。你完全可以用一个比较具体的方式来表达你的赞赏。比如："我觉得这个建议很好，而且很实用，如果在这里稍微改动一下，也许会更好。"

领导在演讲时，如果能够掌握这些法则，并熟练运用，那么相信你的演讲气场一定会越来越强。

## 画龙点睛

曾有位修辞学家说过："人的语言就是一张名片。你的每一句言辞，都在展现你的个性，让自己看起来和别人不同。"每个人的演讲，都在体现个人的素质、道德和知识的积累，而这些都是演讲气场是否强大的先决条件。其实每个领导的头脑中，都有成千上万的词汇，可是，要把这些词汇串起来，使之成为自己演讲成功的资本，就不是那么容易了，领导只有懂得有意识地巧妙运用言辞，避免冗长而毫无意义的话语，才会让自己变得主动，更加自如地表达出想要表达的内容，从而在不知不觉中提升自己的演讲气场。

## 良好的信念助你提升自信

有些人一直有疑惑：为什么有的人总是会有一批支持者和跟随者，而自己却总是默默跟随的那一批中的一个？为什么有的人可以成为演讲台上的明星，自己却只能作为台下无名的听众？为什么有人前呼后拥、一呼百应，而自己却苦苦奔波、无人支持……也许很多人会把这些归结于命运的不公而自怨自艾。这样是无济于事的，只有拥有正确的信念，才能提升自己的自信，拥有一大批忠实的粉丝。

信念是一种心理因素，作为领导一定要有良好的信念，这是战胜挫折、赢得机遇的基础，也是提升气场与领导力的可行方法。领导的自信首先要忠诚于自己的信念，让自己的信念融入到血液中，融入到自己的言行举止上，令你在一举一动之中都能让别人感受到你的领导力，从而让别人相信你的能力、你的人格。

要想做到有良好的信念、自信的领导力，可以从以下几方面入手。

第一，良好的信念要求演讲者在演讲前进行积极的自我暗示，相信自己能行。通过积极的自我暗示机制，可以鼓舞自己的斗志，让自己的心理力量加大，这样，就会逐渐树立起自信心。

有位舰长曾讲过这样的一个故事："那是我第一次当舰长出海，就遇到了非常罕见的大风浪。我的周围，很多船员都因为晕船而呕吐不止。我平日里也是一个容易晕车晕船的人，但是当时因为是舰长，责任在身，于是我不断地暗示自己：'不能晕船，一定不能晕船。'结果那次，我真的没有晕船，而且之后再出海，也很少出现晕船的情况了。"

这个故事说明了积极的自我暗示可以激发潜意识的力量、增强信心。对自己所暗示的东西，一定要全身心地相信，一定要认为这就是真的，是对的，一定可以做到，这样，潜意识的能量才会发挥出来，你会发现，最后自己真的做到了。

第二，良好的信念要求演讲者保持良好的仪表和精神风貌。良好的精神风貌，也是信念的一个组成元素，笔挺的西装会让男性领导看起来庄重、有威信。一袭长裙也可以让女性领导更迷人、更优雅，不知不觉中就散发出个人的魅力。因此，当自己的仪表、精神风貌得到完美展现时，自信自然会提升。

第三，良好的信念要求演讲者在演讲的时候，提高自我意识，保持信念。一般来说，不敢正视别人，就常常被人看作是胆怯、心虚的表现，而在演讲的时候，大大方方地正视下属，就等于在告诉下属："我是光明正大的，我是诚实的。"不断地进行这样的心理暗示，可以增强你的亲和力，而且也能强化自信心，并让你的讲话赢得别人的信任和支持。

第四，良好的信念要求演讲者善待他人，保持人际关系融洽。微笑是友善的信号，会给别人带来欢喜和快乐，也会得到别人的喜欢，让自己心情舒畅。心情舒畅，就会不断地产生信心和力量，这样，就能调动起自己和下属的自信心，让自己内心充实，如沐春风。

第五，良好的信念要求演讲者勇敢说出想法。把自己的想法，自己的信念以语言的形式当众表现出来，这是建立自信心最快的手段。不管自己的思想是否全面，只要大胆地说出来，就一定会有收获。

第六，良好的信念要求挺起胸膛、走路稳健。步伐的变化和心理状态是成正比的，有自信的领导一定是胸膛挺起、步履稳健。

第七，良好的信念要求循序渐进，不断让自己体验到成功。体验成功并不一定要登上巅峰，而是要给自己树立一个小小的奋斗目标，通过一个个目标的实现，才能不断地集聚自己的自信心。

第八，良好的信念要求不怕失败，多磨炼。信心不足的领导要多参加集体活动，让自己克服怯懦、优柔寡断等不好的习惯和品质，尽量增加一些和下属沟通、一起活动的机会，尽力做好每一件事，这样才能开阔眼界，增长知识，增加成就感，同时能激发自己的自信心。

对于优秀的企业领导来说，信念是一个成功的领导所必备的心理素质。信念可以让自己迈出坚实的步伐，可以让下属信任、认同、跟随，从而更愿意为企业服务。

## 画龙点睛

作为一个领导，自信非常必要。而要获得自信，就首先要拥有信念。信念是战胜困难、排除干扰、把握时机、打开局面，做出决策和树立领导威望的一个非常重要的心理优势。只有领导把企业和员工的共同信念目标放在第一位，才能让自己的演讲感人、有力度，才能激发员工的积极性、主动性和创造性，让员工有归属感，并能感受到社会总目标和事业融合在一起的推力。

## 精练有力的演讲会为你加分

著名的人际关系学大师戴尔·卡耐基说过："我们一天的悲欢祸福，往往决定于我们的语言。"确实如此，嘴巴笨、半天说不出话来或总是习惯于长篇大论的人总是会让人听而生厌，他们往往是在消磨别人的耐心和耳朵。在职场之中，这样的情况就显得更加严重。

很多人因为口才的原因，把一件本来很简单的事情说得乱七八糟，让人误会，从而为工作带来不利影响。讲话水平过低，语速过快，口音奇怪……这些因素都会让人生厌、烦躁，在这种情况下，很多本来已经表达出来的关键词汇和信息，就在人们的烦躁中过滤掉了。在职场中，这样的情况非常多见，也是很多领导所困惑的问题。作为领导，该如何把一件事情说清楚呢？这就需要我们练习用精练有力的语言，把自己想说的话说清楚。

第一，要用具体的语言描述事情。事情说得越具体，讲话就会越生动。准确地描述会让别人有画面感，比如当你描述一个人的时候，你不说他的姓名，不说他从哪里来、到哪里去，那么想要讲清楚对方的具体情况，就不那么容易了。具体地描述，更容易让对方信任你，让对方产生真实感，也更容易把听众带入到你所讲的情景中去。

第二，要巧妙对比。比较才有鉴别，运用对比的方法，可以在演讲的时候，凸显事物的本质特征。

第三，要借题发挥。有的领导思维非常活跃，善于创新，演讲的时候不从常理出发，总是从意想不到的角度切入，这样，就会让演讲的气氛变得和谐而热烈。内容不一定要很长，却可以非常有力，句句触动下属的心。这样不仅会增强个人的魅力，同时也能让下属信任和跟随。

一位连指导员在进行就职演说时，就运用了这个方法。他说：“各位战友，我一来到这里，就收到了大家送来的很多礼物，而且在我说话的这个时间，还有很多的礼物正在源源不断地送来。”说到这里，他环视了一周，接着笑着说：“大家是不是很纳闷：我什么都没送给你啊？其实，大家都送了，不过可能自己没有太在意罢了，这个礼物，就是目光。我发现，从我进入这个讲台开始，大家都对我投来了各种各样的目光：有信任，有期待，有疑惑……我觉得，大家的这些目光，就好比是送给我最好的礼物：有鲜花、有仙人掌，还有鞭子。我愿意统统收下，并且谢谢大家！”

这篇演讲，就是借“目光”发挥，演讲者在演讲中设置了悬念，围绕“目光”进行了阐述，整个演讲环环相扣，有机统一，吸引了听众的注意力。

### 画龙点睛

有人说，演讲是一次有充分准备的智力活动。一场好的演讲，如果没有高度的总结、精练有力的概括，那么难免会给听众一种“领导没本事”的感觉。要想让自己的演讲更成功，一定要学会不断地提炼，尽量用精练的语言描述，这不仅对领导思维能力是一种锻炼，更是能为演讲加分的一种方式。

## 丰富的表情，让演讲更加自然有力

有人问古希腊最伟大的演说家德摩斯梯尼：“对于一个演讲家，最重要的才能是什么？”德摩斯梯尼简短地回答了两个字：“表情。”“其次呢？”“表情。”“表情之后呢？”“还是表情。”在公众演讲中，有一条是非常忌讳的，那就是面无表情。经常听演讲的朋友也许会发现一个规律：很多的领导、同事、朋友一上台，大家就会感到很亲切，还未开始演讲，就会很期待，想知道他们要说什么；而有些人一上台，听众就会突然觉得现场气氛非常压抑，大家都窃窃私语，巴不得他赶紧下去。这些都是由一个人的亲和力多寡所决定，而亲和力就和表情密切相关。

“嬉笑怒骂”本就是人的本能。人的内心有了情感的变化，有了自身的感受，就会通过面部表情表现出来。面部表情的变化，不仅仅对自身是个刺激，更会激发别人产生不同的内心体验和感受。

而演讲的时候，由于自己内心感受的不同引起了表情的不同，人们也就会产生两种截然不同的反应。

面部表情的丰富多彩，可以说是另一种深刻、直观的表达方式，甚至比语言、手势的作用还要大。法国作家、社会活动家罗曼·罗兰说：“面部表情是多少世纪培养成功的语言，比嘴里讲的更复杂千倍的语言。”中国也有句话叫“只可意会不可言传”。这些都是在说明表情的力量。面部表情可以让我们的演讲更加自然有力，那么，领导在演讲的时候该如何运用表情呢？

面部表情是由我们面部的肌肉和五官所组成的，这些组成部分的每一个微妙变化都在表达着内心变化。我们首先来说一说各部分面部组成所表达的意义。

嘴唇：演讲中运用得比较多的表情就是嘴角上翘，这是微笑的表情，同时也是最容易和下属打成一片，让下属感受到你的自然和亲近的表情。微笑，还可以表达出喜悦、亲切、肯定、满意、赞扬等意思。

眉毛：眉毛的变化在演讲的过程中也非常重要。当领导的双眉往上扬的时候，往往是对某件事或某个人表示满意，有赞扬、喜悦、肯定、亲切的意思；如果领导的双眉微蹙，那一定是有疑问、忧虑或者是悲伤。

眼睛：眼睛是心灵的窗户。在演讲中，眼睛的变化非常重要。当眼光突然变亮的时候，多半是表示喜悦；当眼睛睁得溜圆时，则多半是愤怒；如果演讲时眼睛眯缝，同时面部表情很放松，那么一定是非常快乐；而目光炯炯有神，则可显示个人意志坚定。

运用丰富的表情，可以让领导的演讲更加有亲和力，更加自然。如果领导想要在最快的时间内和下属建立起互动，就一定要多多练习表情中最重要的一环：微笑。

微笑在演讲中有着至关重要的作用，可以给听众以亲切，愉快的感受。领导如果想让自己的演讲更加顺利，不妨多利用微笑这个小诀窍。如何练习微笑呢？

第一，微笑的表情需要放松肌肉。放松嘴唇周围的肌肉，是练习微笑的第一阶段。比较严肃的领导，嘴唇周围的肌肉就会比较僵硬，如果想要微笑，就要多做嘴唇的放松运动，多用一些夸张的诗词或者是“哆来咪”来练习，大声清楚地说出每一个字。这样可以锻炼嘴唇肌肉，让自己的笑容看起来自然。

第二，微笑的表情需要给嘴唇肌肉增加弹性。形成笑容时，最重要的部位就是嘴角，如果能够经常锻炼嘴唇周围的肌肉，就会让你的表情看起来更干练。你可以尝试用张大嘴的方法进行练习，尽量地张开嘴，保持十秒钟左右。经常练习，不仅可以让你的微笑更好看，还能有效防止皱纹。

第三，练习微笑表情的多种动作。小的微笑需要你把嘴角两端一起提起来；普通的微笑要慢慢让嘴唇肌肉紧张起来，然后再把嘴角两端一起往上提；大的微笑可以一边拉紧肌肉，使之强烈地紧张起来，一边把嘴角两端一起提。这个动作经常反复练习，可以形成干练而老练的微笑。

**画龙点睛**

在整个演讲过程中，表情的运用起到了举足轻重的作用，有经验的领导，总是会恰当而且巧妙地运用自己的面部表情，表达出自己丰富的思想感情变化，从而影响下属，让演讲变得更加自然有力，且在最短的时间内激发出下属的自信心和创造力。

## 巧妙运用视线变换，增强演讲效果

心理学研究表明，人的各种器官散发出来的信息量中，眼睛占到了百分之八十以上。人的内心情感变换，往往都是通过不断变化的眼神流露出来的。在演讲的过程中，眼神通常凝聚着领导的神韵气质，让领导随时随地都能闪烁出智慧的光芒。

一个成功的演讲者，一定非常了解视线变换所表达出来的内涵。正视前方，表示庄重；斜视旁人，显示轻蔑；仰视看天，有思索的意味；俯视低头，又显示出很羞涩。视线变换最主要的是强调眼神的变换，不同的眼神变化，表示出不同的情感：清澈的目光给人胸怀坦荡的感觉；狡黠的目光让人感觉到不怀好意；目光炯炯有神，往往是神采奕奕的时候；目光呆滞，又能看出心事重重。

眼神的表达丰富多彩，领导如果在演讲的时候，得体地运用自己的视线变换，会令自己的演讲增光添彩。

一般来说，演讲时，经常会用到以下这几种目光语。

第一，环视法。环视法，顾名思义，就是眼神从会场的一边扫到另一边，再从另一边扫过来。

在演讲中，可以有节奏、有周期性地利用环视法来不断地观察会场，尽量与所有的下属都能保持眼神的碰触。在电光石火之间，增强了相互间的情感联系。领导可以通过这种方法关注会场的秩序，检验自己的演讲效果；而下属也会通过这样的方式，感受到被信任、被尊重，从而增强演讲的感染力。但是要注意的是，环视法不能使用得太过频繁，如果眼睛总是快速地转来转去，会给人一种不诚实的感觉。

第二，虚视法。虚视法是领导在演讲时观察现场所用的一种转换性目光，演讲时，领导如果运用虚视法，会让下属觉得领导的眼睛好像在看着某个位置、某个下属，从而端正态度，克服分神的毛病。其实，领导什么也没看。虚视法就是一种观察力，可以震慑下属，让他们把思想和精力都回归到演讲的内容上来。

第三，前视法。前视法，就是领导的视线平直向前看，这样会震慑所有下属。前视法的视觉落点，应该放在最后一排下属的头顶上。这时，领导的眼睛要保持平直向前，这样的视线，可以让下属感觉到被尊重和信任，他们会觉得领导是在对着自己演讲。同时，这样的视线法也会让领导时刻端正自己的身姿，密切注意下属的情绪变化。要注意的是，在演讲的时候，一定不要仰望天花板或者看着地板，更不要左看右看，或者看向门窗以外，这些都会降低前视法的效力。

第四，点视法。这个眼神的变化在于重点观察、重点关注不注意听讲的下属。如果下属能够感觉到领导投射过来的目光，就会停止自己错误的举动，认真听讲。

第五，闭目法。闭目法，是视线变化的特殊表现，是一种无视线的视线。当领导的演讲内容使得领导和下属的情绪都极度高涨，情感迸发的时候，或者讲到某一个人物、某一个事件，让人们为之感动和敬佩的时候，领导就可以短暂地闭一下眼睛，这样的举动，在于表达某种特殊的情感，可以让演讲取得意想不到的效果。

运用视线变换，是演讲中非常重要的技巧之一。视线变换是语言的辅助，它会强调演讲的内容，增强演讲效果。只要演讲过程中的视线变换运用得当，领导的信心、活力和个人风度都会得到很好的体现。

## 画龙点睛

眼神的变换和语言的变化之间，是一种同步效应。领导的思想往往是通过眼神自然流露出来的。眼神和语言的配合，能表达出丰富多彩的思想感情，传递心灵的信息，反映领导的喜怒哀乐。因此，领导在演讲的时候，不要只关注用口语传递信息，也要善于运用自己的视线变换，把内心所想、内心情感，完整而真实地传递给下属。

# 第十章

# 敢于创新：就这样与众不同

演讲并没有固定的模式。哪怕是同一位领导，在不同的场合，面对不同的听众，演讲的方式也是不同的。如果想让自己的演讲更有吸引力，就一定要敢于创新。其实，在现实生活中，人们最爱听的就是与众不同的演讲，这种与众不同，恰恰反映的是演讲内容的独特性和演讲者的个性，它是最富有创意和新意的。这样的演讲，更能激发听众的兴趣，激发他们对演讲的主题展开深入的思考，从而获得轰动的现场效应。

## 让你的听众感到惊讶

试想一下，如果你是领导，站在台上演讲时，你最害怕什么？是讲着讲着，发现下属已经昏昏欲睡了，还是你的下属嘴上唯唯诺诺，心都不知跑到几千里之外了？不管上述哪种情况发生，你一定会想象到自己的难堪。

作为领导，你一定希望自己的会议有启发性和创造性，最好下属都能听得聚精会神，笔记也记得详细。可是，并不是每一位领导都能达到这种效果。要想让自己的演讲变得吸引下属，领导就要尝试着创新，使演讲变得与众不同，让你的下属感到“惊讶”。

要做到让下属“惊讶”这一点，就要在演讲之初牢牢地吸引住下属的注意力。以下几个方法，可以让你在演讲的时候赢得更多的关注，并让你的专业可信度增强。

第一，演讲开始的时候，一定要出人意料。领导在演讲开始的时候，最好能丢下一个“炸弹”，这样的“轰炸”效果，会远远高于一个个的小“鞭炮”。任何人都喜欢新鲜的事物，下属会更喜欢在开场白里就让他们兴趣盎然的演讲方式。

里根总统是用这样的语言让他的听众感到惊讶的：“我们今天站在一个战场上，一个40年前看见和感到的最糟糕的战争。”“我今天站在你们面前，代表一个悲伤的家庭，在震惊的世界面前，代表一个哀悼的国家。”

戴安娜王妃的葬礼上，她的弟弟斯宾塞伯爵也用了这样的方式作为演讲的开头。

这样的语言，第一时间就吸引了听众，他们会密切关注演讲者下一句要说什么。作为领导，也要善于创造复杂、悬念迭起的剧情，来抓住人们的好奇心理，提高他们的注意力。

第二，善于借题发挥，巧妙地阐述自己的观点。领导如果想要自己的演讲与众不同，不妨尝试从不同的角度切入自己的主题或观点。

马云就曾经用了这样的一段演讲，震惊了听众。他说："很多人都记得爱迪生说的那句话吧：天才就是99%的汗水加上1%的灵感。并且被这句话误导了一生。勤勤恳恳地奋斗，最终却碌碌无为。其实，爱迪生是因为懒得去想他成功的真正原因，所以就编了这句话来误导我们。"这段演讲，直接颠覆了人们心中自以为的成功准则和对真理的信任。马云为什么敢于说这句话呢？这样的思索无一例外地出现在了每一个听众的脑中，于是，大家的注意力一下子就被吸引了，每个人都想知道马云究竟能不能自圆其说。

马云接下来的演说中，列举了大量的事实材料，来支撑他的观点。在结尾的时候，他说："懒不是傻懒，如果你想少干，就要想出懒的方法。要懒出风格，懒出境界！"直到这个时候，听众才明白过来，原来马云的原意并不是颠覆爱迪生对成功的总结，而是从一个独特的角度切入，来谈成功：成功需要多用心去思考，而不是一味地傻干。这样一来，听众就从开始的好奇、反对，变得心服口服。

因此，作为领导，一定要让自己的讲话别出心裁，这样所带来的效果，相信比平铺直叙要强烈得多，深刻得多。

第三，利用心理落差带给下属更多震撼。领导如果想要自己的演讲与众不同，可以采用欲扬先抑的方法，先让大家有所误解或让大家有所期待，然后突然转变态度，让下属产生巨大的心理落差，从而震撼下属，让下属对演讲的印象深刻。

著名画家韩美林做过一次《没有文化是可怕的》演讲："没有文化的文化，特别是用没有文化来干涉艺术，是非常可怕的。有一次，一位领导同志带着其他几位领导来找我，说要让艺术和科学有力地结合起来。这位领导的想法非常好，但是接下来的接触中，我发现他的审美有问题。当我们都在思考如何把艺术和科学结合起来的时候，这位领导说：'比如你画的猫头鹰，如果把两个眼睛挖了，放上两个灯泡，不就结合起来了？'全场大笑。当时我就忍不住，不客气地说，那你干脆把我眼睛挖了吧。"

这段演讲就是以风趣幽默的语言，通过"先扬后抑"的方式，讲述了艺术创造过程中领导"错误指导"的故事，从而给大家带来了心理落差，把大家引入到自己的主题中去，加深了听众对所演讲主题的认识。

第四，把不同类型的人和事联系在一起，超出常理，却又理性智慧。

有一段著名作家的演讲，是以著名的《阿Q正传》为背景的，他这么描述：阿Q向吴妈求爱很失败，他突然有一天给吴妈跪下说要和吴妈困觉，然后吴妈就哭，要上吊，这时候大家以为阿Q不守规矩，伤天害理。阿Q不认识字，看到这种情况，却没有写检讨，而是把自己所有的钱都给了吴妈，可是吴妈却还是在哭。紧接着，这位演讲者话音一转，说：如果阿Q能来我们这的中文系上两节课，就绝对不会用这种话了，如果他用徐志摩的诗，看到吴妈就说："我不知道风是在哪一个方向吹，我是在梦中，在梦的轻波里依洄。我不知道风，是在哪一个方向吹，我是在梦中，她的温存，我的迷醉……"说不准他就成功了。

这样的演讲，就是利用了错位的联想，把道理用深入浅出的方式解析，与众不同却又非常有吸引力。

用鲜明的主题、个性的语言、不同的思维来阐述自己的观点和想法……这些都是能够让听众感觉惊讶之余产生更多震撼力和被吸引的具体办法。更重要的是，在演讲过程中，恰当地运用这些办法，还能够让听众在听过演讲内容以后进行更多的思考和回味，从而达到更佳的演讲效果。

## 画龙点睛

要想在演讲中让自己的听众感到惊讶，就需要领导展示自己的与众不同，就是要"怪"，就是要个性鲜明。这不仅要求领导在演讲时打破常规，用不一样的方法完成自己的演讲，而且还需要领导根据场合的不同，把握好度，掌握好分寸，千万不要矫枉过正。

## 善于缩短和听众的距离

很多人认为，在演讲活动中，听众处于客体地位，是被动的接收者。这样的想法是错误的，如果把听众当作被动的“接收器”，那么演讲者的演讲就从本质上失去了意义。如果听众一开始就对演讲的内容有兴趣、有好感，那么他自然会迸发出无限的热情参与其中。这种参与方式包括认真去听、仔细去看、努力去想。如果听众对演讲的内容没有兴趣，那么他就会视而不见、听而不闻，甚至会只听一半，就早早退场。因此，所有的演讲者都特别注重自己和听众的关系，为了给演讲营造和谐的氛围，他们往往会主动地去缩短自己和听众之间的距离。

企业中的领导也是如此，如果演讲的时候只是走马观花地说一遍自己想说的事情，分配好自己想要分配的任务，那么接下来，下属只是被动地去做领导安排的事情；如果领导能够在演讲时缩短和下属之间的距离，就能更好地将自己的想法和观点传递给下属，那么下属在实施工作时，会带有自己的联想和思考，这样所做出来的成果必然与前者不同。如何才能缩短自己和下属之间的距离呢？

第一，娴熟地掌握演讲的内容。领导在演讲的时候，演讲的内容一定要丰富、生动、全面。在表达的过程中，要让自己的情感充沛，语言抑扬顿挫、手势生动有力，并要在演讲的过程中不断地调动下属的积极性，这样就会让演讲会场的气氛变得非常热烈。如果领导只是在演讲之前做了一篇演讲稿，在演讲的时候照着念，那么，领导的专注力就会停留在演讲稿上，从而忽略了和下属的互动，顾此失彼，更谈不上用丰富的表情和形象生动的语言来和演讲内容相互配合，演讲效果自然就会大打折扣。而且，在这样的演讲过程中，下属也会逐渐失去兴趣，对领导丧失信任感，造成冷场。真正好的演讲，一定要提前做一些功课。演讲之前，要熟悉自己所要演讲的内容，这样才能在演讲的时候，比较自然地调动下属的情绪，牢牢吸引住下属的注意力。

充满激情的演讲，必然会使得现场的气氛变得活跃，这个时候，领导和下属的情感交流也就更加融洽，这才是演讲的精华所在。领导只有熟悉演讲的内容，才能让自己的演讲跌宕起伏，瞬间抓住下属的注意力。这样，领导很容易便能控制住整个现场的气氛。自然的语言、亲切的动作、生动的事例、严密的逻辑、真挚的热情，这些组合在一起，还不能够缩短自己和下属之间的距离吗？

第二，选择听众喜欢的话题。选择演讲的话题也是有技巧可言的。如果只是一味地选择自己想说的，而忽略了下属到底想听到什么，和下属之间就会永远保持距离，下属也不会真心地去听领导讲了什么。如果想要处在一个和谐、亲切的气氛中，真正和下属的心贴得更近，就一定要去了解下属希望听到什么样的话题。一般来说，下属会对以下这些话题产生浓厚的兴趣。

刺激下属好奇心的话题。每个人都有好奇心，下属也不例外。世界趣闻、真实故事、个人经历等内容都会激发下属的好奇心。领导所要做的，就是在自己所演讲的主题，和激发下属好奇心的话题之间，找到一条串联的线，把它们联系在一起。

娱乐性话题。幽默故事、笑话，都可以穿插在演讲之中，哈哈大笑过后，下属必然会对演讲充满兴趣。

满足下属求知欲的话题。每个人都有求知的欲望，潜意识里，大家希望自己能够掌握多种知识，充实自己，提高自己，这是人类生存的本能。领导可以在演讲的时候，利用下属的求知欲，多讲一讲下属关心的问题。这样的演讲，一定会征服下属。

满足下属成就感的话题。我们都知道，批评的语言总是会让人不舒服，而夸奖的语言会让人产生很强烈的成就感。领导不妨也采取这样的方式，平日里多掌握下属的基本情况，在演讲的过程中，随时穿插一些鼓励和夸奖，以满足下属的优越感和成就感。

第三，让自己和听众融为一体。有些领导，总是认为自己有领导的架子，因此，在演讲的时候，以自我为中心。要知道，想博取下属的好感，任何喜欢炫耀、故弄玄虚、居高临下的态度，都是不会成功的，只有平易近人、谦和有度，才会让自己和下属融为一体，现场的气氛才会更加融洽。

印度尼西亚的前总统苏加诺在清华大学的演讲时就和学生的相处非常融洽。当时苏加诺总统一出现在学校操场，就点燃了学生的热情，大家纷纷拥上前来，因此，影响了会场秩序。这时主持人用非常严厉的语言强调纪律，迫于压力的学生，一个个坐直了身子，闭上了嘴巴。演讲很快就开始了。苏加诺看到学生的情况后，笑着对大家说："同学们，我有一个建议，你们向前走一步，我愿意生活在青年人中间。"听到这话之后，同学们纷纷向前走一步，然后坐在地上。紧接着，苏加诺笑着说："我还有一个请求，请大家笑一笑，因为我们面对的是一个美好的未来！"苏加诺的话让在场的同学忘却了刚才的郁闷，心情也变得舒畅起来，整个会场顿时就沸腾了。

在这里，苏加诺就是用平易近人的态度，谦和有度的语言，和听众迅速地融为一体，开始了自己的演讲。

因此，在演讲中，领导要努力营造和谐的氛围，缩短与下属之间的距离。只有这样，下属才会对演讲内容有好感，演讲才会更顺利地进行。

## 画龙点睛

作为一名领导，总是希望自己的演讲受到下属的欢迎，希望自己慷慨激昂的语言能打动下属，从而把自己的思想更好地传递给下属。如果领导在演讲的时候，只认为自己说是最主要的，而忽略了下属也是沟通的主体，那么这样的演讲就不会有影响力。只有从下属的角度出发，演讲时缩短和下属之间的距离，才会给自己的演讲营造和谐的氛围，激发下属的责任感。

## 即兴演讲，让你与众不同

即兴演讲是演讲的一种形式，主要指演讲者在毫无事先准备的情况下，就眼前所出现的情景、场面、事物，随即发表的演讲。这种演讲现场感很强，是一种有感而发的演讲。要想在即兴演讲中说服听众，不仅要求演讲者在演讲中一定要让自己的情感表达得恰如其分，而且还要求演讲者具有多方面的知识素养、敏捷的思维能力、快速的语言表达和应变能力。

作为领导，即兴演讲的机会有很多。如何让自己在即兴演讲的时候，展现出自己独特的演讲风格，显得与众不同呢？

第一，即兴演讲，因时而发。时间、季节，都可以是自己即兴演讲的好时机。

我国著名文学家、历史学家郭沫若曾经在一次会议中，做了一次因时而发的演讲。当时的社会背景是刚刚粉碎“四人帮”不久。郭沫若是这么说的：“春分刚刚过去，清明即将到来。‘日出江花红胜火，春来江水绿如蓝。’这是革命的春天，这是人民的春天，这是科学的春天！”

这句演讲从时间开始，一语双关，既说了节气，同时又说了社会大环境，充满了希望和朝气，预示着社会美好的前景。

第二，即兴演讲，因地而发。既然有时间，就少不了地点。地点，也可以作为即兴演讲的开场。即兴演讲时，我们所处的场地、城市，都可以是我们演讲的要素，这些地点是大家能够感同身受的，自然就更容易引起共鸣。

一位记者就是巧妙地运用了这种方式在学校做了一场即兴演讲。他说："我今天站在湖南大学，非常激动。我的祖籍就在湖南大学的旁边，我身上流着的血是纯正的湖南血。"简单的几句话，就把自己和地域的关系讲得非常清楚，很容易就打动了湖南大学的师生。

第三，即兴演讲，因人而发。既然时间、地点都是领导即兴演讲的好素材，那么人物自然也可以。某个人的名字、性格、装扮、做过的事情、所取得的成就等，都能和自己的演讲相结合。

郭沫若在一次座谈会上谈到"修辞要恰当"时是这么说的："现在一般人的毛病是爱修饰，如果修饰得恰当，那当然是好了，如果修饰得不好，可就是糟糕的一件事了。"接着，他话锋一转，笑着朝正在做记录的两位女同志说："就好比是女同志，如果打扮得好，那就是漂亮，如果打扮不好，就糟了。"大家听了一阵大笑。郭沫若就是借用了身边的人，阐明了自己想要说明的观点，语言直观、简单，很容易被听众接受。

第四，即兴演讲，因事而发。演讲之前、之中可能发生的事情，也是领导进行即兴演讲的好素材。

在一次就职演讲中，一位发言者说："这次党员选举大会，我在此当选支部书记。得了180%的选票。这里面有80%是大家给我投的，还有100%是我自己投给自己的。两个百分比中，80%的选票，可以说明大家对我有不满意的地方，同时还对我有信心和希望；

100% 的选票，则是我希望自己当选，希望自己在这一届‘将功补过’，同时，我也有信心在这一届干好。”

这段就职演讲开场很是新颖，以当时正在发生的事情为切入点，展开联系，有情有理，吸引了大家的注意力。

第五，即兴演讲，因景而发。从景色出发，进行即兴演讲，也是一种显示自己演讲与众不同的好方法。即兴演讲可以借助眼前的景色，为演讲找思路和方法。

汪伦送别李白的时候，李白写诗道：“桃花潭水深千尺，不及汪伦送我情。”这就是很好的因景而发的例子。

第六，即兴演讲，因物而发。如果演讲时，遇到与演讲主题相关，或者是经过领导自己的联想能够与演讲主题联系起来的物体，就可以借物说事。

如果能够掌握好以上几点即兴演讲的方法，相信下一次，你的演讲一定会与众不同。

## 画龙点睛

著名的演讲家毕肖甫·富尔顿·希恩说：“我从来不依赖于已经准备好的演讲底稿，那些没有能力做 30 分钟即兴演讲的人的演讲是不值得去听的。”由此可见即兴演讲对于领导的重要性：这不仅考察领导的知识素养、思维能力、快速进行语言表达的能力和应变能力，同时，即兴演讲还能够缩短和听众之间的心理距离，快速拉近上下级关系，给听众留下深刻的印象。

## 用心了解听众的需求

在讲用心了解听众需求之前，我们先来讲一个故事，请各位把故事中的旅行者，想象成自己：

你们一行人，正在去外地旅游。河边的景色很美，你们借住在山下的老乡家。半夜里，突然传来轰隆隆的声音——发生泥石流了。这时候，领队开始一家一家地敲门，把老乡和同伴叫醒，然后告诉你们："这种情况你们可能不了解，但我做了多年的领队，上次出现这样的情况时，我们这队人里，我是唯一活下来的。因此，大家要想活着出去，一定要这么做……"

领队接下来的话，你们肯定会非常认真地听，原因很简单，因为领队即将说出的话，满足了你们求生的需求。

现在回归话题。你是否遇到过这样的情况：当你参加一场演讲时，刚开始的发言，还能让你有所兴趣，但是一段时间之后，你就惊讶地发现，演讲者开始跑题了，他越说越远，你觉得越来越无趣。一共半个小时的演讲，光一句"你们要知道"的口头禅，就说了六七遍。

为什么这位演讲者的演讲，让自己听了这么难受呢？其实就是因为他的演讲，和你自己的利益无关，没有满足你的需求。

在企业中也是如此。领导要想让自己的演讲更加成功，就一定要关注下属的需求，把下属想知道、愿意参与的话题带入到你的演讲中去。如何做到关注下属需求？

第一，演讲一定要满足下属的内在需求。事实上，很多领导的演讲都没有满足下属的真正需求，主要原因在于：领导会觉得，自己知道下属需要听什么。于是，他就把自己认为该让下属知道的内容告知下属，并觉得这样就足够了，其实不然。

我们会发现，在学校里，很多孩子不喜欢学习，一上课他们就打瞌睡，交头接耳，回到家作业也不会做，很让人头疼。为什么会这样？原因就在于，他们认为老师所讲的内容，对自己来说根本就没有意义。没有兴趣的事，别说孩子，大人也不见得会喜欢去做。如果老师能够意识到这一点，每日的授课就不是填鸭式的教育，而是加入学生的兴趣点，在上课的时候，抽出十分钟，让学生集体讨论一个问题。比如讲到一篇课文，老师告诉他们："你们试着想一下，如果自己是主人公，你会怎么做呢？如何做才能让自己的影响力更大呢？"类似这样的提问和思考，很容易引起学生的兴趣。

下属在听领导演讲时也是如此，如果领导在演讲时，经常用提问的方式启发下属的思路，那么下属很快就会把演讲内容和自身联系起来，自然就会更加关注。

因此，领导在演讲中，千万不要期待你的下属会和你心有灵犀，当你讲得兴高采烈的时候，他也会跟着手舞足蹈。而是应该在演讲之间，及时捕捉下属的意愿，看下属希望在哪些地方满足自己的哪些需求。一个成功的领导，就是应该寻找这样的"卖点"去影响下属思想。

第二，演讲一定要找出吸引下属的“关键点”。在与人交谈时，其实每个人的心里都有一个想法，这能给我带来什么？一个优秀的领导，总是能提前感知到这一点，而且能就此锤炼自己的演讲词，他们会想：我说的这些，能给我的下属带来什么利益呢？

试想，如果你去参加一场交流会，你没有在会上遇到一个能为你带来灵感的演讲者，却遇到了一个教授野外求生技能的专家。他讲的东西和你想要知道的东西完全不同，那么你自然不会去认真地听。但是如果你是一个酷爱旅行的人呢，那么同样是这个与你无关的话题，你的态度可能就会大相径庭了。

这就是态度的不同。领导最需要考虑的问题是，你的下属究竟关心什么？如果领导能知道下属最关心的内容，那么他的演讲就成功了一大半。

综上所述，如果领导能够用心了解听众的需求，经常谈论一些和他们的需求有关的话题，那么下属一定会感兴趣，并会好好地配合演讲。

## 画龙点睛

作为领导，你的下属不管是一个人也好，是一百个人也好，你的每次演讲，都要以下属的需求为中心。学会从对方的角度出发思考问题，其实是一件很不容易的事。但如果换个角度来思考这个问题，也许就容易多了。作为一个领导，你在占用下属的时间时，要求他们全身心地投入，听你的演讲，对你所说的话进行深入的思考。下属为你付出了时间，你是不是也应该给他们同等的尊重和回报？你是不是也要提前思考下属需要你在演讲中讲些什么呢？因此，领导的演讲，最大的受益人是自己。只要用心了解下属的需求，你就会在一场生动、令人难忘的演讲中，取得成功。

## 大胆使用演讲道具

戏剧表演中，演员们经常会利用简单的道具来增加演出的真实感。这个方法对于演讲也非常适合。在演讲的过程中，更多的是靠语言的魅力去征服听众，使用道具的情况确实不多，但是如果你能够恰当地使用道具，你的演讲就会别开生面。特别是在叙说故事或者是个人经历的时候，能更容易调动下属的积极性，吸引他们的注意力。使用道具有以下注意事项。

第一，要把道具放在下属都看得见的地方。因为演讲的需要，领导会使用一些小道具来帮助下属理解。水枪、鲜花、水瓶，甚至是人，都可以成为演讲的道具。这些道具在演讲的时候，最好要放在能够让下属看见的地方，而领导进行演讲之前，最好提前去看看演讲的地方，计划好道具放在哪里，自己要做到心里有数。如果你的演讲需要用到招贴板，那么就可以把它放到泡沫板上，不仅轻便，而且稳定；如果你需要展示一个物品或者模型，那么就一定要把它放到下属都能看到的地方，同时要注意，把演讲的道具放到最佳的位置之后，一定不要在演出的时候站在道具的前面，这样会让你的演讲准备前功尽弃。应该和演讲道具保持一定的距离，这样避免挡住下属的视线。

获得“感动中国十大人物”称号的洪战辉有一次应邀到某中学演讲，他上台后，不慌不忙地把摆在演讲台上的鲜花拿开，大家都诧异地看着他，他环视一圈会场，然后说：“不愿我的前方铺满鲜花，那会使我看不清前行的路！”台下顿时爆发出热烈的掌声。

第二，道具要避免在下属中传看。如果在演讲的时候，你把道具递给自己的下属去看，那么你就麻烦了。因为道具在下属的手中时，至少会有三个人在一段时间内对道具的兴趣大大提升，甚至超过对演讲的兴趣，也许这几个人的注意力都不在你的演讲内容上了。如果真的是要给下属发东西，可以在演讲结束之后再发，这样下属就不会分心了。

第三，道具的展示要遵从演讲的需要。对于演讲道具来说，如果是工具或者模型，分给下属就会让下属分心，在演讲的时候展示道具也一样。如果怕道具让下属分心，可以把道具用大张的白纸盖住，然后放在下属能看到的位置，当演讲到某一个阶段，需要道具做补充的时候，再揭开白纸，展现演讲道具就可以了，这种做法可以有效地防止下属分心。

第四，领导在演讲的时候，要对着下属讲而非对着道具讲。一定要记得演讲道具是演讲的工具，而不是主题。如果领导演讲时，对着演讲道具做解释，就很容易断开和下属的视线联系，这样会让下属感觉不到你的真诚，久之也就失去了兴趣。当然，如果讲到需要道具做补充的时候，领导可以边看着道具边看着观众。这样不仅可以得到有效的信息反馈，也能随时知道自己的讲解是否被下属所理解。

第五，运用道具进行解释的时候，一定要简洁清晰。演讲道具并不能直接代表演讲内容。演讲道具和数字统计是一样的，都是需要有人去解读的，需要有人把它们和下属联系在一起。

从以上几点，其实不难看出，演讲道具的用处是非常大的，作为领导，一定要明白的是下属必须看什么，以及怎么看。很多对演讲道具使用不熟练或者是刚刚学习演讲的领导，会过分地依赖道具的演讲效果，没有从根本上弄清楚和准确理解演讲道具的真正意义。其实，演讲道具只有在具备合适的解释时，才最具说服力。此外，作为领导一定要记住，使用演讲道具，也一定要根据下属对演讲道具做出的反应来不断地进行调整。只有这样，才能充分发挥演讲道具的作用。

## 画龙点睛

美国著名的人际关系学大师戴尔·卡耐基曾说：“以细节来丰富演讲，最佳的方法之一，是在其中加入道具的展示，也许，你花费数小时只为了告诉我如何挥动高尔夫球杆，而我却可能感到厌烦。可是，你若站起来表演把球击下球道时该怎么做，那我就会全神贯注倾听了。”在演讲的过程中，如果能使用道具，就能对你的演讲起到生动、形象、直观的作用，从而调动听众的情绪，让演讲者与听众之间快速产生共鸣。

## 视觉材料有助于你的演讲

做饭的时候要放入一些调料，菜肴才会更加美味。演讲也是如此，如果领导能够在演讲的过程中，给自己的演讲加入一些视觉材料，就会让自己的演讲增光添彩，甚至能够调动下属的情绪，让上下级之间更容易产生共鸣。我们炒菜的时候，使用哪种调料和具体用量都是有严格要求的，演讲也是如此。

在演讲的过程中所选用的视觉材料都要以实现“为演讲主题服务”为目的，否则就会哗众取宠，最终结果可能是得不偿失。所以演讲时的视觉材料一定要精心准备，确保所有的材料都能够为演讲的主题服务。领导在演讲的时候，可以选择哪些适合的视觉材料呢？

第一，演讲所要使用的视频文件、图片、文字、灯光。演讲之前，如果能够把会场好好地布置一番，相信一定会在最短的时间内让下属更好地了解演讲主题，同时演讲场所也会变得更舒适。比如在演讲之时，放上与演讲主题相适应的PPT，加入引人入胜的灯光、演讲主题的条幅等，这些都是在向下属展示，此次演讲的主题是什么。如果这些视觉材料运用得好，就会成为上下级之间沟通的一座桥梁，更好地促进上下级之间的互动。现代科学技术飞速发展，电脑已经成为我们日常工作和生活中必不可少的工具。在演讲的时候，领导可以通过电脑去展示不同的视频、音频、文字，甚至是选择一些和演讲相关的背景图片等，这些都会增强演讲的效果。

值得一提的是，故事是很好的沟通方式。如果在演讲时，把故事的情节通过电脑展示出来，那么下属就会有身临其境的感觉，更容易体会到演讲主题所要表达的思想。在演讲到比较热烈的部分时，也可以利用灯光的明暗，来营造一种适合的氛围，这样更有利于增强演讲的感染力。

第二，与演讲主题相关的物品。

曾经有一位成功人士，大家纷纷邀请他为大家分享自己成功的经验。于是，他就给大家做了一场演讲。在演讲时，他没有使用过多的语言，而是让自己的助理抬出了一个铁球。铁球放好后，这个成功人士就拿出一个小勺，开始敲击这个铁球，想让它动起来。十分钟过去了，二十分钟过去了，铁球毫无反应。会场出现了一阵骚动，大家窃窃私语，这很明显是不可能的。一个小勺，如何能够让一个铁球动起来呢？可是这个成功人士什么都没说，只是继续着手上的动作。一个小时过去了，铁球纹丝不动。大家有些着急，纷纷要求退票。一个半小时过去了，剩下的听众中，又有一部分人坐不住了，觉得自己上当受骗了，于是纷纷向这位成功人士丢鸡蛋。两个半小时过去了，铁球居然出现了轻微的晃动，但是这个时候，听众只剩下了十几个人。三个小时过去了，铁球明显晃动起来，大家发出惊叹的声音。没过多久，铁球晃动得更快了，这时候，会场只剩下几个人了。成功人士停止了动作，告诉大家："我以前之所以失败，就是因为我也像他们一样，还没有等到最后一刻就离开了。"会场发出了由衷的掌声。

这次的演讲，就是只有道具的演讲，这个道具，激发了演讲者和听众的共鸣，成就了一场完美的演讲。

俗话说"一幅好图胜过千言万语"。在演讲中，加入适合的视觉材料必不可少。运用视觉材料不仅能节约时间、增加演讲变化，还能有力地支持领导的观点，增强领导讲话的专业性，更可以帮助下属记住领导演讲的主要观点。从这一意义上来说，领导应该尝试着在演讲中多运用一些视觉材料。

## 画龙点睛

演讲中的视觉材料在演讲中非常重要。如果在演讲的时候，领导设计并善加视觉材料，就会让整场演讲收到特殊的效果；当然，如果选择不适合的视觉材料，就会让这次的演讲陷入被动。总之，演讲的过程中，是可以使用视觉材料的，但是这个视觉材料一定要是合理的、和演讲内容相关的，只有这样，才能让演讲达到别开生面的艺术效果。

## 制造演讲比演讲更重要

有人把演讲分为三类：最底层是命题演讲，就是看你的嘴皮子是不是够利索；第二类是即兴演讲，看你的大脑转得够不够快；第三类是辩论演讲，是演讲的最高层次，既要考验嘴皮子，又要考验大脑。良好的演讲就是要言之有物、言之有理、言之有趣。同时，作为领导一定不能只会演讲，还要学会制造演讲。

制造演讲，也就是说领导要善于把握一切机会推销自己的观点与想法。制造演讲比演讲更加重要。英国伟大的思想家培根说过："智者创造机会，而不是等待机会。"这句话同样适用在领导的演讲中。在日常生活和工作中，下属会经常遇到缺少思路，工作茫然的时候，此时，就需要领导拿出决策方案，才敢去行动。毫无疑问，出现这样的情况时，下属的工作一定是停滞不前、没有什么工作业绩的。作为领导，如果想要从源头制止这种行为，就一定要制造更多的演讲机会，为下属指明道路。

蒙牛的董事长牛根生就是一个非常善于制造演讲的人，他的演讲非常具有煽动性和感染力。很多时候，牛根生董事长为了让自己的下属更有动力，会利用各种机会讲话，甚至说出了很多口号。他把这些口号变成标语，挂在公司的很多地方：厂区大门口挂着"讲奉献，但不追求清贫；讲学习，但不注重形式；讲党性，但不排除个性；讲原则，但不脱离实际；讲公司利益，但不忘记国家和员工的利益”；财务部挂着“现金为王”；与客户打交道的地方的标语是“从最不满意的客户身上，学到的东西最多”。这些看似并不起眼的口号和标语，其实都是在潜移默化中规范着公司中每个员工的思想和行为，无论员工遇到什么问题，都能从这些标语牌中找到正确看待问题的方法。

如何制造演讲机会呢？

第一，获取更多演讲机会的途径。领导不必等到正式演讲的时候才去临阵磨枪，在平时，就应多加练习。比如参加酒会时，就可以尝试着去说一说敬酒辞；或者也可以参加一些志愿者工作，为民众演说。要想让自己的演讲能力有所进步，让自己的演讲技巧持续提高，就一定要获得更多的演讲机会。

第二，通过一系列的演讲得到收获。依靠抓住的演讲机会，一次次地锻炼，这仅仅是提高演讲能力的基础，而最关键的是要让自己的演讲能力持续提高。要想做到这一点，就需要在每次的练习之后，给出评价。不管演讲的场合大小，演讲内容的深浅，每次演讲结束之后，都要问问自己，什么地方做得好，什么地方需要改进和提高。在每次演讲开始之前，可以把自己需要在这次演讲中提高和改进的问题写下来，记在卡片上，在演讲的间隙看一看。相信只要坚持下去，这些问题将不再是问题，你的这些细微改变也终将会变成你的优点，你的演讲能力也会自然而然地提高了。

因此，作为领导，一定要抓住一切的演讲机会锻炼口才、表达思想。要想做到让自己随时随地都能演讲，就要让自己抓住一切的演讲机会。

## 画龙点睛

对于领导来说，演讲能力的高低直接关系到演讲的好坏。而演讲能力，又是靠一次又一次的演讲经验积累而成。因此，制造演讲机会比演讲更加重要。领导不仅要珍惜每一次的演讲，更要从更多的场合中寻找演讲机会，抓住一切演讲机会，从而增强自己的演讲能力。只有这样，领导才能把自己的观点和主张更好地传递出去。

# 第十一章

# 直面危机：从容不迫地处理棘手问题

没有一个演讲者敢于自信地说，自己的演讲从来都是顺利的、成功的，从来没有遇到过挫折。每个演讲者，或多或少都会在演讲的过程中，遇到一些问题，有的时候是一些小的插曲，有的时候是一些比较棘手的问题。这些问题之中，有些可能是演讲者自己的原因引起的，有些则是听众引起的。在演讲者进行演讲之前，谁也无法准确地预料到这些棘手问题的出现。要想让演讲更加顺利，一定要直面危机，从容不迫地处理棘手的问题，这样才能及时化解危机，让演讲继续下去。

## 清除障碍，激发听众的认同感

马上就要上台发表演讲了，你是不是双手冒汗，走来走去？是不是不停地翻看着演讲提纲？是不是有一种莫名的焦虑：忘词了怎么办？如果有人提问，自己该如何作答？……

演讲者在演讲时会遇到很多障碍，而一旦遇到这些障碍，演讲效果就有可能大打折扣。领导进行演讲的目的就是激发听众的认同感，试问，如果在演讲还未开始时，就障碍重重，如何能够激发听众的认同感呢？

要想让演讲更加顺利，首先要明白自己会面对哪些因为演讲带来的障碍。

第一，准备不充分。如果领导心里没底，总觉得自己的准备不够充分，演讲的时候会有出丑的可能，那么领导的潜意识就可能会更多地关注这一方面，从而变得没有自信、心里发慌，引起紧张。

现实生活中我们经常见到这样的情况：一个孩子手里拿着一个水杯，妈妈在旁边不停地叮嘱“别掉了，别掉了”，结果还是打碎了——这件小事其实与领导演讲时过度关注自己“没底”的道理是相通的，过分关注反而有可能引发失误。

如果是因为准备不充分而导致演讲出现障碍，那么不妨在演讲之前做一些精神上的和材料上的准备。上台前做一做深呼吸，问问自己：精神是不是很饱满？材料、道具是不是都准备好了？演讲重点是不是全部记下了？还可以在演讲之前就用语言给自己打气："我的这篇演讲是非常有价值的""我会讲得很好，会很成功"，甚至想象一下演讲结束，大家热烈鼓掌的场面……如果你这样做了，相信你就会更有自信，演讲也会更加顺利。

第二，过于追求完美。很多人都有追求完美的心态。完美主义是一把双刃剑，既可以帮助自己提升技能和知识，也会让自己对于一切事物的认知过于执着，容易钻牛角尖。领导演讲的时候，应避免过于追求完美，因为这会让领导对自己的演讲内容过于关注。如果出现一些小小的差错，就会瞬间毁灭掉领导的信心，从而造成演讲中最大的障碍。

想要改变这一点，就首先要明白，如果演讲的时候顾忌太多，演讲就不会放得开，更不会有力量。只有能够抛弃完美，站在台上的那一刻，放开去说，这样的演讲才有力量，才能感染听众。

第三，自卑心理。有些领导在面对比自己地位高的听众时，就会感到很紧张，表现也往往会不自然。这样的演讲障碍必须快速清除，要知道，他们既然会听你的演讲，势必是对你的某一方面表示肯定，要快速建立起自信，自然地开始你的演讲。

第四，太在意大家的看法。很多人都有这样的"恐惧心理"：总希望听到别人夸奖自己，一旦遇到别人的质疑，就会特别难受。对于演讲而言，过于在意大家看法已经成为一个非常严重的障碍。

要知道，演讲的过程就是把自己的想法传递给听众的过程。这个过程中，因为思想不一致、地位不一致、工作责任和范围不一致，所以大家的想法肯定是多种多样的，这之中有认同，也有质疑。而领导要做的，不是把自己的关注点过度地放在“别人是不是质疑自己”这方面，而应该是要尽可能激发听众的认同感，让认同的人更认同，质疑的人觉得你说得有道理。

第五，对听众不熟悉。很多领导，在本部门的下属面前说话比较自然，但是一旦面对别的部门，就会出现紧张的情况。这是因为，领导比较熟知自己部门的情况，而别的部门，几乎一无所知。演讲是单向的传播活动，领导也许无法像平时交谈那样，快速获得自己想要的信息，甚至还不确定下面的人是不是听到了你的发言并了解你的思想，从而产生紧张的情绪。因此，在演讲的时候，要快速地和听众取得良好的沟通效果和信息反馈。这就要求在上演讲台之前演讲者先做一个自我介绍，让大家对你有初步的了解，建立起良好的第一印象。在演讲的时候，也可以通过语言、眼神的交流，把善意传递给听众。相信只要领导这么做了，大家也会对你表示友好。

领导在演讲的时候，会遇到各种各样的障碍，但是这些障碍都和自己的紧张情绪有关。要想让演讲顺利进行，就一定要最大限度地减少自己的紧张情绪。只有这样，才能让演讲更容易传播出去，更容易实现“激发听众的认同感”这个演讲目标。

### 画龙点睛

演讲中，最大的障碍就是紧张。紧张会让领导难以表达自己所想要表达的内容。“成功学之父”卡耐基曾说过自己的演讲秘诀：“假设听众都欠你的钱，而你是神气的债主，根本不用怕他们。”这句话用调侃的方式说出了清除演讲障碍的最好方法，那就是要保持自信，学会自我调节。

## 遇到棘手问题，化危机为信任

领导在演讲的过程中，总会遇到一些棘手问题或是突发事件。有时候这些情况可能是因为领导自己引起的，有的时候也会是因为听众所引起的。在领导进行演讲之前，谁也无法预料到这些棘手问题的出现。想要让演讲安然度过，那么就一定要提前做好充足的准备，这样才能让你在遇到棘手问题的时候，及时地化解危机。

领导在演讲中经常会遇到的问题有以下几种。

第一，内容出错了。这是每个领导都会遇到的演讲问题。如果是小错，那么可以不用理会，接着讲就好；如果正在演讲的时候，突然意识到自己讲错了，那么千万不要直截了当地告诉下属说自己讲错了，可以在后面补充。

一位教授在大学的演讲会上，就是用这样的方法渡过危机的。他讲道：“同学们，今天我们的生活水平越来越差了。”这时全场鸦雀无声，这位教授顿时反应过来，是自己说错了，于是他接着补充：“这是不可能的。大量的事实证明了我们的生活水平在不断提高，在这样优越的生活条件下，我们更需要努力拼搏……”

此外，如果领导在演讲时犯的错误比较大，而且被下属当众提出的话，一定要虚心接受，千万不要争论。

第二，忘词。我们都遇到过这样的情况，有个词很熟悉，甚至是到了嘴边，可是就是说不出来，这就是忘词。领导演讲的时候也会出现这样的情况。如果演讲的时候忘词了，可以放慢语速重新复述一遍内容，同时要在脑中快速地思索；还可以用疑问的形式重复一遍；或者直接跳过去，讲后面的内容也是不错的选择。

第三，会场气氛很沉闷。当整个演讲的气氛非常沉闷，甚至有些下属已经昏昏欲睡时，那么一定是领导演讲的内容不吸引人。这时候，领导可以走下讲台，站在睡觉的下属面前，轻轻敲击一下给予暗示，或者是打破现有的演讲方式，转化为做游戏或者互动的方式，这样现场的气氛会马上变得活跃起来。

演讲的过程中，无可避免地会遇到尴尬情景。

曾经在一台晚会上，一位女演讲家应邀上台做演讲，可是她刚刚走上演讲台，就不小心摔了一跤。台下的人纷纷为她捏一把汗，觉得她可能会很尴尬。没想到这位女演讲家不慌不忙地站起来，然后笑着对大家说：“各位的掌声实在是太热烈了，这才一上台就被大家的掌声所倾倒了，谢谢大家！”话音刚落，现场就响起了雷鸣般的掌声。

领导在演讲的时候就应该拥有这样的应变能力，才能把危机及时地化为信任。领导遇到棘手问题时如何培养并使用这种应变能力呢?

首先是要有巧妙穿插、活跃气氛的能力。领导在遇到现场沉闷的情况时，应该尽快进行调节，巧妙地穿插一些笑话或者趣闻等，活跃现场气氛。

其次是要有控制情感、把握分寸的能力。在演讲的时候，如果出现棘手问题，领导一定要镇定，要有良好的心理素质，这样才能及时控制自己的感情，掌握好处理问题的分寸。如果惊慌失措，很有可能影响演讲的顺利进行。

再次要有从容不迫、妙语解说的能力。当演讲的过程中，如果有人提出非常尖锐的问题，领导一定要及时地回答这些问题。在演讲过程中，很多的领导一遇到问题，就会采取压制的方法，发火批评，结果却使得现场秩序更乱。而一些高明的领导，采用真诚、幽默的方式，往往会化被动为主动，从而让演讲顺利进行。

最后是要具有将错就错、灵活处理的能力。当领导在演讲的过程中遇到了棘手的问题，如果可以将错就错、灵活处理，那么演讲就能继续有效进行。但千万要注意，在这种情况下，最忌讳领导冷场过久或者是抓耳挠腮。如果演讲的过程中冷场太久，下属就一定会不耐烦。

俗话说："智者千虑，必有一失。"领导在演讲的过程中遇到棘手问题在所难免，这时候如果慌乱，就会让局面更难收拾。如果领导能够镇定自若、急中生智、灵活应对，那么就可以瞬间化危机为信任，演讲也会顺利地进行下去。

### 画龙点睛

在演讲中遇到棘手问题时，是否能够化危机为信任，正是衡量一个领导综合素质的重要标准，更是关系到此次演讲是否能够成功的基本保证。因此，领导如果想要取得良好的演说效果，就一定要具备很好的应变和控场能力，也就是说，领导要善于把握下属的兴趣、爱好、要求以及心理变化，这样才可以在遇到棘手问题的时候，及时修正自己的演讲内容，保证演讲顺利进行。

## 遭遇刁难，如何做到以柔克刚

在生活中，你会碰到各种各样的人，遇到各种各样的事，无奈、尴尬……这些也许都是我们无法避免的。特别是当自己正在演讲的时候遇到刁难，被下属压制得喘不过气来的时候，我们该如何去应对呢？如何才能化险为夷呢？其实，运用一些有效的手法去解决，也不失为一种有效的谋略。

我们先来分析一下刁难都包含哪种情况：

第一种是对领导所提的问题持不同意见的，这样的刁难大多是善意的。而另外一种就是故意的刁难，以恶作剧的方法达到让领导难堪、出丑的目的。

领导在演讲的时候，面对刁难，一定不能硬碰硬，而是要做到以柔克刚。

第一，面对善意的责难时，领导就应该用认真、负责的方式阐述自己的观点或者解答对方的问题。只要不是涉及企业内部机密或有伤风化的内容，都可以详实地给予解答，千万不要用“无可奉告”等词进行推脱。如果是自己解决不了的问题或回答不了的问题，可以老老实实地表示歉意，或者是以此作为论题以供所有人探讨和思考。

有一位企业的宣传部长在讲时事政策的时候，就遭遇了这样的刁难。底下的一位工人站起来大声地说：“全国各处都在下岗，你还总是讲政策好，政策好就让工人们没饭吃吗？”这位部长不慌不忙地回答道：“下岗，是社会发展的一种现象，是社会进步的表现，现在有一些机构或企业，部门人浮于事，大量办公室人员没事做，天天喝茶看报纸；而在一些地方，部门里有很多事，又等着人去做。这是正常的情况吗？一些工厂设备陈旧、技术落后，产品和社会脱节，大家都发不出工资来，与其苦苦地耗在这里，还不如就让一些人下岗，去干社会需要的事。这样不是既满足了社会的需要，同时大家又可以赚到钱，实现自己的价值，这不正是政策好的表现吗？”

这位宣传部长就在面对刁难的时候，巧妙地把问题转变为积极的思考，从而做到了以柔克刚。

第二，面对恶意的刁难时，领导的处理方法要稍微大胆一些，做法上一定要果断、坚决，不能让对方得逞，此时，可以用反驳的方式、辩论，或者是幽默风趣的语言，让对方知难而退。但是切记，领导千万不要硬碰硬，不予理睬或者是拒绝回答、发火、生气。这样做不仅对自己的形象非常不利，还会助长对方的嚣张气焰。

苏联诗人马雅可夫斯基就曾经遭遇了一场恶意的刁难。他在莫斯科的一次演讲中，抨击时弊和庸俗文人的行径，让一些有利益关系的人感到“憋屈”，现场骚动起来。有人企图用语言抨击马雅可夫斯基，于是讽刺他说的话是个笑话，大喊道：“你讲的笑话我听不懂。”马雅可夫斯基并没有生气，而是用幽默的语言说：“难道您是长颈鹿？只有长颈鹿才可能星期一浸湿的脚，到星期六才能感受到呢！”马雅可夫斯基用这样的语言，去说这个人的反应实在是太迟钝了。没想到听到这话，这个人更气得暴跳如雷，他大声嚷着：“马雅可夫斯基，你是不是把我们都当作白痴了？”马雅可夫斯基的回答更绝。他笑着说：“哎呀，您这说的是什么话啊，怎么能是大家呢？我面前看到的，可只有一个人……”

就这样，马雅可夫斯基用幽默讽刺的语言，让别有用心者的诡计破碎，扭转了演讲的被动局面，得到了大家的掌声。

因此，当领导在演讲时遭遇刁难时，一定不要着急，要保持镇定的心态去说服对方。只有心态稳定，才能谈吐自如、妙语连珠、以柔克刚。

## 画龙点睛

如果演讲时遭遇刁难，领导一定要善于就事造势，借题发挥，同时也不要忘记关注其他下属的反应，同时巧妙营造一定的心理氛围去吸引下属。如果真是因为自己演讲内容的不完善而被刁难，那一定要及时修正补充自己的演讲内容。只有这样，才可以以柔克刚，为演讲成功打下良好的基础。

**图书在版编目（CIP）数据**

超实用心理学与演讲、气场、领导力/元亨利著.—2版.—北京：中国法制出版社，2020.4

ISBN 978-7-5216-0836-6

Ⅰ.①超… Ⅱ.①元… Ⅲ.①演讲-通俗读物②成功心理-通俗读物③领导心理学-通俗读物 Ⅳ.①H019-49②B848.4-49③C933-49

中国版本图书馆CIP数据核字（2020）第021018号

策划编辑：李佳（amberlee2014@126.com）
责任编辑：李佳 黄一迪 封面设计：杨泽江

**超实用心理学与演讲、气场、领导力**

CHAO SHIYONG XINLIXUE YU YANJIANG、QICHANG、LINGDAOLI

著者/元亨利
经销/新华书店
印刷/三河市国英印务有限公司
开本/710毫米×1000毫米 16开 印张/14.75 字数/122千
版次/2020年4月第2版 2020年4月第1次印刷

中国法制出版社出版
书号 ISBN 978-7-5216-0836-6 定价：45.00元

北京西单横二条2号
邮政编码 100031 传真：010-66031119
**网址：http://www.zgfzs.com 编辑部电话：010-66038703**
**市场营销部电话：010-66033393 邮购部电话：010-66033288**

（如有印装质量问题，请与本社印务部联系调换。电话：010-66032926）